Manfred Greisinger   Sabine Knoll

Buchschwanger

„Egal, ob Du berühmt bist oder nicht, schreib ein Buch über Dein Leben. So ein Buch zwingt Dich, grundsätzlich über Dein Leben nachzudenken; so ein Buch ist Dein Manifest!"
Ron Perlman

Manfred Greisinger   Sabine Knoll

Buchschwanger

In 9 Monaten zum eigenen „Buch-Baby"

Impressum

Bibliografische Information der Deutschen Nationalbibliothek: Die Deutsche Nationalbibliothek verzeichnet diese Publikation in der Deutschen Nationalbibliografie; detaillierte bibliografische Daten sind im Internet über http://dnb.d-nb.de abrufbar.

© 2016 Manfred Greisinger & Sabine Knoll, La Palma

*Umschlagbild: Andrea Zlabinger (Idee),
Barbara Weichsler-Grünzweig (Fotografin)
Cover-Modell: Theo Weichsler-Grünzweig*

Alle Rechte, auch das des auszugsweisen Nachdrucks, der auszugsweisen oder vollständigen Wiedergabe, der Speicherung in Datenverarbeitungsanlagen und der Übersetzung vorbehalten.

Herstellung und Verlag: BoD - Books on Demand, Norderstedt, Dt.

ISBN: 9783743102590 - Auch als E-Book erhältlich

*Für alle,
die ihren Traum vom eigenen Buch
endlich realisieren wollen –*

*begleitet von erfahrenen „Buch-Eltern"
und schreibbegeisterten
„Buch-Geburtshelfer(inne)n"*

Inhalt

*„Ein Raum ohne Bücher
ist ein Körper ohne Seele."*
Cicero

Die 9 Monate (Buch-)Schwangerschaft   **20**

I – Die Befruchtung: Idee und Zeugung   **21**

Von der Idee zum (ersten) Konzept
Start frei ... – Committment zum Schreiben
Brainstorming – mit sich selbst
Brenn-Storming©

**II – Beginn des Embryonalstadiums:
Fruchtblase und Sammlung**   **28**

Anregung: das persönliche
  „Buch-Projekt-Begleit-Heft"
Ein Lebewesen wird erschaffen
Sei stets bereit für Musenküsse
Und: Speichern!

**III – Vom Embryo zum Fötus: Verlagsfrage,
Exposé und Gliederung**   **34**

Veröffentlichungsmöglichkeiten

Großer & Kleiner Verlag, Dienstleisterverlag,
Selbstzahlerverlage
Best-Seeler aus der Garage – Publizieren im
Eigen- oder Selbstverlag
Das Exposé
„Zielgruppe ICH"

**IV – Ruhiges Wachsen: Schreibflow
und Zeit nehmen**   **58**

In den Schreibflow kommen
Übung: Schreiben aus dem Herzen
Welcher Text will jetzt geschrieben werden?
Was ist Schreiben für mich?
Kommunikation mit der Natur
Experten um Dich
Schreibübung mit einer Pflanze
Nährstoffe – durch Zitate

**V – Deutliches Größenwachstum: Zwicken
und Hemmnisse**   **70**

Barrieren abbauen – Ängste und Zweifel lösen
Dankbarkeits-Meditation
Herzensmatrix-Methode
Aufstellung: Ich und mein Buchprojekt
Wenn alles zu viel wird
Das Buch bist Du!
Bleib' bei Dir – und Deinem Buch

VI – Lungenreifung: Gestaltung, Lektorat 82

Dranbleiben! Zeit nehmen!
Pausen & Belohnungen
Nährstoff: Die 12 „goldenen" Lieblings-Worte
Achtung auf Urheberrechte und Fotorechte
Die neue deutsche Rechtschreibung
Die 18 wichtigsten Regeln
Gestaltungselemente

VII – Das Gewicht wird spürbar: Format und Buchblock 107

Das Druckfertigmachen, Korrektorat, Lektorat
Die Perfektionismus-Bremse
Hochschaubahn der Gefühle und Erlebnisse
Pures Glück in der „Buch-Schwangeren-Gruppe"
Ko-Kreativität

VIII – Vorbereitung: Feinschliff und Marketing 118

Titel aus Bild & Emotion
Und zum Schluss: Das Vorwort
Buch-Marketing „Juwel statt Schmarrn"
„Benefit-Orientierung"
Und plötzlich als Buchautor/-in - sichtbar
Die 4 P's des Marketing
Medien
Präsentation, die Erstvorstellung, Lesung

IX – Banges Warten: Geburt, Präsentation 136

Eine schwere Geburt!
Und heute werde ich Vater
Vielfache Mutterfreuden
„Es ist viel mehr – als ein Buch zu schreiben!"
Wir begegnen immer nur uns selbst
„Halleluja – Highlight in meinem Leben"

X – Die Elefantengeburt – doppelte Zeit und halber Stress … 149

Buch-Zwillinge? Mehrlinge?
Sportlich: Einreichen bei Verlagen

XI – Es geht weiter: Obsorge & nächste Buch-Schwangerschaft? 152

„Mach mit dem Buch `was!"
Schreib' wohl - und genieße es!

XII – Angebote und Anhang/Feedback/Danke!
155
9 Monate zum eigenen Buch
6 Tage Schreiben & Buchwissen – die Essenz
Die Fortgeschrittenen-Schreib-Gruppe
Buch-Coaching

**Ja, es ist möglich:
in 9 Monaten zum eigenen Buch!**

Wir lieben es … und tun es … seit Jahrzehnten: Schreiben und Bücher machen. Konkret: Buchprojekte erschaffen, Titel finden, Texte verfassen, konzipieren, mit Grafiker(inne)n kreieren und die Bücher fertigstellen, verlegen, herausbringen.

Zusammen haben wir bislang 35 Bücher auf die Welt gebracht (Sabine 13, Manfred 22), dieses ist das 36.! *Drei plus sechs ergibt neun*: Gemeinsam ist uns 2016 – und wir dürfen/müssen es nach den tollen Erfahrungen so bezeichnen – etwas Geniales gelungen, die **„9-Monats-Begleit-Gruppe für buchschwangere Autor(inn)en"**.

Diese wunder-volle Buch-Gebärgruppe hatte mit 12 Teilnehmer(inne)n ihre erfolgreiche Premiere: 9 Tagesworkshops gab's über die 9 Monate verteilt. Von der Idee/der Befruchtung/Besamung am Valentinstag – über das Heranwachsen/den Abbau von Barrieren, den Schreib-Flow bis zur Geburt/ Präsentation der prächtigen Buchbabys am 11. 11.

Danke *Andrea x2, Birgit, Christa, Evelyn, Gabrielle, Ingrid, Rühmut, Sabine, Susanne, Ursula x2, Gerhard*

Dieses Buch fasst die wesentlichen Eindrücke, Erlebnisse und Erkenntnisse – aber vor allem konkrete, brauchbare Tipps und Anregungen auf dem Weg zum EIGENEN BUCH – zusammen. Denn es ist praxiserprobt – im Prozess des Buchgebärens entstanden. Es wird Dir, so wünschen wir es uns, ein willkommener Begleiter sein – bei der **Realisierung Deines eigenen Buchtraums**. – In 9 Monaten ist's so weit …

Der Auftakt

Ein Buch zu schreiben, ist wie ein Kind zu gebären. Es gibt einen Akt der Zeugung – die Idee, Inspiration – ein beglückendes, orgasmisches Erlebnis. Es folgen (neun) Monate des Austragens, Wachsenlassens, inneren Nährens – manchmal auch Symptome des Unwohlseins, Anstrengung und schließlich die Geburtswehen, bis das Kind das Licht der Welt erblickt. Doch was für eine Wonne, wenn man es in Händen hält! Wie schnell sind all die Schmerzen vergessen. „Sonst würde man kein zweites Kind mehr bekommen wollen", meinte eine liebe Freundin nach der Geburt ihrer Tochter, ihres ersten Kindes.

Bei Büchern ist es ganz ähnlich: Im Augenblick der größten Anstrengung, des größten Schmerzes wünscht man sich nur Abstand und kann sich beim besten Willen nicht vorstellen, sich das nochmals antun zu wollen. Und doch ... es lässt dich nicht los. Es – oder sie – die Liebe zum Schreiben, die Lust am Erschaffen, am Kreativsein. Schöpferische Menschen können nicht anders, als ihre Kräfte nutzen und „Kinder" in die Welt setzen, sei es die mit Händen und Füßen auf zwei Beinen oder die zwischen zwei Buchdeckeln.

Als eine ewig Schreibende – seit ich schreiben kann, will ich nichts anderes als schreiben – ist meine große Liebe die zu den Buchstaben, die sich wie von selbst zu Worten und zu Sätzen verbinden und aus mir fließen, wenn ich sie lasse. Schon im Kindesalter liebte ich Bücher, als Teenager setzte ich mich an die Schreibmaschine und verkündete, meinen Roman zu verfassen. Gedichte bahnten sich im Schutz der Nacht ihren Weg und sickerten im Halbschlaf in mein Bewusstsein, duldeten keinen Aufschub, wollten geschrieben und später auch vorgelesen werden. Wollten das Licht der Welt erblicken, trafen auf sehende Augen, hörende Ohren und fühlende Herzen. Ermutigung. Anerkennung.

Ich danke all den guten Geistern in dieser und der geistigen Welt, die mich unterstützt haben, an mich geglaubt, mich gefördert haben. Meinen Deutschlehrerinnen von der Volksschule bis zur Höheren Schule und allen, die mein Talent erkannten und es förderten. Denn wir brauchen Mentoren, Mentorinnen, die uns den Rücken stärken, wenn die Zweifel uns schwächen.

„Tun wir doch etwas für Menschen, die ein Buch schreiben möchten", stand am Anfang dieses Buches als Idee, zündender Gedanke meines langjährigen Freundes und (Ex-ORF-)Kollegen Manfred Greisinger, der mich sofort erreichte und begeisterte. Meine größte Liebe teilen, Menschen inspirieren, begleiten, ihrer eigenen Liebe zu folgen und ihr „Kind" zu gebären – ja, das wollte

ich von Herzen gern! So ist die Buch-Geburtsvorbereitungsgruppe „9 Monate zum eigenen Buch" entstanden, aus der nun dieses Buch fließen will.
Packen wir es an, gemeinsam, denn gemeinsam sind wir stark, können wir alles überwinden. Wenn wir durchhängen – wieder aufstehen, wenn wir zweifeln – Gewissheit finden, wenn wir anstehen – Auswege sehen … Weil wir Menschen gemeinsam noch mehr als alleine bewegen.

Dieses Buch und diese Gruppe sind ein Abenteuer, ein Wachstumsschritt für jeden Menschen, der sich darauf einlässt. Diese neun Monate – wie auch dieses Werk – werden verändern, wir werden „nachher" nicht mehr dieselben sein, die wir vorher waren. Dieser Prozess ist bewegend, berührend, spiegelt die ganze Palette des Lebens in all den Farben wider, die wir in uns tragen. Was uns begegnet, sind wir selbst – das Gesetz der Resonanz bringt uns das, was wir ausstrahlen – mit allen Wachstumschancen. Wir lieben, was Freude macht, und lehnen ab, was uns Unbehagen bereitet. Doch auch darin liegen Geschenke tief im Innersten verborgen, wenn wir den Schatten ins Licht holen.
Lieben was ist und integrieren, was wir abspalten wollen, ist der Weg zum Ganzsein, zum Heilsein. Was wir vermeiden, holt uns ein – Wunsch UND Widerstand erschaffen unsere Realität. Was mehr

Energie bekommt, sehen wir in unseren Leben. Erschaffst Du durch Wunsch oder Widerstand? Ziehst Du das an, was Du möchtest, oder was Du auf keinen Fall willst? Lass die Bewertungen weg und (er-)lebe, lebe in allen Facetten – wir sind spirituelle Wesen, die menschliche Erfahrungen machen, deshalb sind wir schließlich da. Also – worauf noch warten? *sk*

Achtung – fertig – schreiben ...

Gestatte die persönliche Frage: Magst Du es zu SCHREIBEN? Hast Du „eine Beziehung" zum Formulieren? Gar eine innige?!
Dann sind bereits die besten Voraussetzungen für's Zustandekommen Deines Buches gegeben.
Die Liebe zum Schreiben, ja, sie ist es, die mich – wie Sabine – seit der Jugend antreibt. Ich weiß noch gut, dass ich ab dem Moment, da ich des Schreibens kundig war, EIGENES zu Papier brachte. Damals auf Rechnungsblöcken aus der großelterlichen Bäckerei; ich entwarf Mini-Drehbücher, ehe meine Freunde zum Spielen kamen: „Überfall auf der Scotty-Ranch", war da zu lesen; samt einem Fahndungsbild von Daffy Duck – dem mutmaßlichen Täter ... Er wurde vom findigen Bugs Bunny im Spielverlauf dann leider überführt. Mit dreizehn machte ich bereits die Schülerzeitung

KONTAKT; es folgten die Lokalzeitung *IKARUS*; Regional- und Landesnachrichten; *NÖN*.

Der schönste Dienst am Wort ist jener, wenn es darum geht, eigenes Empfinden und Denken in Ausdruck zu bringen. 22 Bücher sind meine Kinder. Lesungen sind Familienfeste.

Auf eines möchte ich besonders hinweisen, falls Du meinst, das Schreiben sei vielleicht gar nicht so Deine Stärke …

Nie wär's zu meiner „Lebensgemeinschaft mit dem Wort" gekommen, wenn ich auf das Urteil meiner Deutsch-Professorin im Gymnasium geachtet hätte, für die ich in acht Jahren nur in einer EINZIGEN Schularbeit „sehr gut" war; ja, ich wäre gar nicht ins Gymnasium vorgedrungen, hätten meine Eltern auf meine reizende Volksschullehrerin gehört, die – damals gleichbedeutend mit einem Durchfallen – mein Deutsch nur mit „gut" benotete.

Leben ist das, was jenseits der Schulzeugnisse stattfindet.

So also lebe ich in dieser wundervollen lebenslangen Partnerschaft mit dem Wort.

Ja, ich will dich weiterhin lieben und achten, in guten wie in schlechten Zeiten, immer für dich da sein, du mein Wort. In der Hoffnung, dass auch du mich weiterbegleitest …

Glückserfüllt ist diese Stunde, da Buchstaben sich auf dem Computerdisplay versammeln und dies' Manuskript Zeile um Zeile wächst – bis es als

Buch in einer weiteren glückserfüllten Stunde der geneigten Leserin/dem geneigten Leser präsentiert wird und DIR nun wertvolle Dienste leisten, Freude bereiten möge …

**Vom Schreiben leben oder FÜR's Schreiben?!
Du bist Autor(ität)**

„Ich bin süchtig nach Ihren Büchern. Kann's gar nicht mehr erwarten, das NEUE in Händen zu haben." – Rudolf R. hat mir soeben große Freude bereitet. Denn mein neues Buch ist noch nicht einmal präsentiert – und er bestellt es bereits, weil er offenbar meine – aktualisierte – Homepage besucht hat. Und seine Worte machen mir klar, welches Glück mir Schreiben bedeutet. „Vom Schreiben leben?" – Na ja, das ginge sich vielleicht nicht so ganz aus, selbst nach 25 Jahren Bestand meines Verlages *Edition Stoareich*. Aber: „Für's Schreiben leben", das ist mir durch sein wertschätzendes E-Mail verstärkt klar geworden; das ist es, was meine Mission ausmacht. Ich liebe es zu schreiben, Gedanken in Worte fließen zu lassen – und wenn diese von „gleichschwingenden" Menschen auf- und wahrgenommen werden, so ist das Geschenk perfekt.

„Vom Schreiben leben" – heißt: Ich will und muss Euros verdienen damit. Ich muss demnach auf den Markt schielen, was dieser brauchen könnte. Und ich habe ihm das zu liefern, ganz nach dem Motto „Gib dem Affen Zucker". Das bedingt weiters, dass ich mich in vielfältigste Abhängigkeiten begebe: Wer sorgt dafür, dass das Werk strukturiert, lektoriert, produziert, vertrieben, vermarktet, promotet, verkauft und gekauft wird?

„Für's Schreiben leben" ist hingegen ein **Liebesakt**. Und dieser wird von Lesern, so zeigt mir meine jahrelange Erfahrung, genau so verstanden. Ich folge einer Mission, die zum Leben erweckt werden will. Und offenbar gibt es dafür empfängliche Abnehmer(innen), die die Bücher finden, selbst wenn keine perfekte Vermarktungsmaschinerie dahintersteht. Nicht umsonst kann ich mit meinen bisher 22 erschienenen Buchtiteln auch auf einen durchaus beeindruckenden Gesamtverkauf von mehr als 40.000 Exemplaren verweisen. Doch was sind schon Zahlen – in Zeiten, da Millionen und Milliardenbeträge dank Finanzjongleuren von heute auf morgen in Luft verwandelt werden …

<u>Mein Credo als Autor und Eigenverleger lautet: „Lieber funkelnde Augen der Leidenschaft, lieber EROS als bloß Euros in den Pupillen!"</u>

Und meine Lebensgefährtin und Muse umarmt mich in diesem Moment, mir die Worte ins Ohr flüsternd: „Ich liebe dich, weil du ein solcher

Freigeist bist und dich nicht ins System drängen lässt." – Gibt es ein schöneres Honorar?!

Gut, liebe Buch-Schreibens-Willige, zurück zum Thema! Und für dieses stellt sich meiner Ansicht nach EINE zentrale Frage:
*) Was willst Du mit Deinem Schreiben???
Berühmt werden, reich oder „entbunden von einem brennenden Herzens-Thema"?
Für mich heißt es als Autor: Was soll bzw. MUSS durch mich zur Welt gebracht werden? – Reichtum und Prominenz mögen folgen … *mg*

Die Kernfragen für's Buchmachen:

- Welches Thema brennt Dir leidenschaftlich im Herzen?
- Worüber willst Du Dich „ausbreiten", worin vertiefen?
- Welcher Gedanke ist Dir ein echtes Anliegen?
- Worüber möchtest Du also (D)ein Buch schreiben …?

„In Dir muss brennen,
was Du in anderen entzünden willst."
Augustinus

Die 9 Monate (Buch-)Schwangerschaft

*"Wenn durch einen Menschen
ein wenig mehr Licht und Wahrheit
in der Welt war, hat sein Leben Sinn gehabt."
Alfred Delp*

Drei Dinge soll man im Leben tun: ein Haus bauen, einen Baum pflanzen und ein Kind zeugen … Also Werke schaffen, Spuren hinterlassen, die das eigene Ego überdauern und die „zwischenmenschliche Temperatur" um ein paar Grad erhöht haben – das macht Sinn.

In nur vierzig Schwangerschaftswochen entwickelt sich ein Embryo zum „geburtsfertigen" Baby. Jede Woche und jeder Monat stellen dabei einen neuen Meilenstein in der Entwicklung eines neuen kleinen Erdenwesens dar.

Betrachten wir die wesentlichen Entwicklungsschritte einer menschlichen Schwangerschaft ab der Zeugung, wird die Analogie zur Entstehung eines Buchkindes deutlich.

Ach ja: Weil es hier um Intimität und Schwangerschaft geht, haben wir uns als DEINE Geburtshelfer entschieden, das DU-Wort in der Ansprache zu verwenden ... Bitte um Dein Wohlwollen und Verständnis.

I – Die Befruchtung: Idee und Zeugung

*„Aus kleinem Anfang
entspringen alle Dinge."*
Marcus Tullius Cicero

Die Leidenschaft, die Faszination, das Zueinander-Hingezogen-Fühlen machen das Wunder Leben möglich: Samen und Eizelle treffen einander – findet eine Befruchtung statt, wandert das befruchtete Ei in Richtung Gebärmutter, wo es sich einnistet. Bereits mit dieser Verschmelzung der je 23 Chromosomen der Mutter und des Vaters entscheiden sich das Geschlecht sowie die genetischen Veranlagungen des gemeinsamen Kindes. Die Zellteilung geht zwei Wochen nach der Befruchtung rasend schnell, und schon in der vierten Schwangerschaftswoche kennt jede Zelle ihre spezifische Aufgabe und Bestimmung. Bis zum Ende des ersten Monats bilden sich die zellulären Anlagen für alle Organe. Bei der werdenden Mutter zeigen sich erste Zeichen der Schwangerschaft: Schwangerschaftsübelkeit und emotionale Turbulenzen können vorkommen.

Am Anfang steht der – brennende – Gedanke, die Idee zu einem Buchprojekt. Plötzlich fällt er auf fruchtbaren Boden. (In unserem Beispiel: durch eine Ausschreibung mit dem vielversprechenden Titel „9 Monate zum eigenen Buch".)

Die Entscheidung ist gefallen: Lass' uns Nägel mit Köpfen machen! – Oder Kapitel zwischen zwei Buchdeckeln. Die ersten Ideen machen sich breit. Wow, könnte der Traum eines eigenen Buches tatsächlich wahr werden?!

Von der Idee zum (ersten) Konzept
Start frei ... - Committment zum Schreiben

Ein zentraler Punkt beim Buch-Schreiben ist der Entschluss: ICH MACH's! Ich will und werde mich mit diesem Thema befassen. Ich gebe ihm Raum – und Zeit – und meine Energie!
Willst Du's wirklich machen, Dein Buch? Dann sag JA. JETZT. Gib Dir das „Committment" – triff die Vereinbarung mit Dir selbst.
„Ja, ich fange noch heute mit dem Schreiben an!" Und ich werde ab nun täglich zumindest eine Stunde Zeit und Energie in mein Buchprojekt investieren. – Wenn das einen Tag nicht möglich ist, setze ich mich am nächsten Tag zwei Stunden hin!
Leg Dir – bewusst – „Fußfesseln" an; Dein Werk kann nur realisiert werden, wenn Du permanent und ernsthaft daran arbeitest.

Zugegeben, das Buchschreiben ist nicht NUR Freude, es ist – immer wieder auch – mühevolles Tun. Aber es lohnt sich, versprochen!

Brainstorming – mit sich selbst

Du bist noch skeptisch, dass Du in den Schreibfluss kommst?
Du brauchst nur die Einstimmung – und ein Kommando!
Also, suche Dir einen guten Platz, wo Dich keiner stört und Du Dich inspiriert fühlst – und widme Dich Deiner Buch-Idee: Deinem Krimi, Sachbuch, Deiner Familiengeschichte, Biografie, Fantasy …

Füllfeder/Kugelschreiber/Notizheft bereit … Nach dem „Start-Befehl" schreibe 15 Minuten OHNE PAUSE zu Deinem Thema. Ohne jeden Widerstand. Alles kannst und sollst Du zu Papier bringen, nur nicht stocken. Und Du wirst erstaunt sein, was dieses „Brainstorming mit Dir selbst" an Interessantem hervorbringt.
Los geht's! Lass' es fließen …

„Ungelogene Begeisterung
ist die tiefste Lebenspoesie,
die unmittelbarste Glückseligkeit, die es gibt."
Bogumil Goltz

Brenn-Storming©

Eine besondere Gedanken-Sammlung, die Dich in Deinem „Brennen für Dein Herzens-Thema" abholt: „Brennstorming" als Wort ist in einem

Kreativprozess auf der magischen, glutvollen Vulkaninsel La Palma zugefallen. – Wir können andere Menschen nur berühren, begeistern, überzeugen, wenn wir unsere eigenen „innigsten" Wünsche, glühenden Sehnsüchte und „zur Eruption drängenden" Visionen mit ihnen teilen (wollen!).

- Wofür brennst Du leidenschaftlich?
- Was ist das Thema Deines Buches, Dein „loderndes Interesse"?
- Wozu lädt Dich dein Buch ein, wozu ruft es Dich?
- Was willst Du erzählen, weitergeben?
- Was soll – muss – geschrieben werden?!

Am Beispiel dieses „Buchschwanger"-Werks darf ich anmerken: Das Buchschreiben ist für mich eines der größten Mysterien – von der ersten vagen Idee, die zu einem Drängen wird, zu Papier gebracht zu werden, bis zur tatsächlich druckfrischen Publikation, die man ehrfürchtig und dankbar ans Herz drücken darf …
Ich liebe es, mit diesem schönen Buch – dem ersten „in Gemeinschaftsproduktion" – Vater werden zu dürfen; ich freue mich sehr, dass Sabine meine kecke Anregung und Einladung sofort angenommen hat; den „Samen" – ich darf kurz bei diesem Bild bleiben – angenommen und aufgenommen hat; die Befruchtung konnte also

prompt passieren. Wie schön! Ich hoffe, auch Du hast nun Freude mit unserem Kind.

So möge es auch bei Dir sein: eine Idee, ein Brennen, eine Sehnsucht – das soll/will Dein Buch werden ... Lass' die Befruchtung passieren – und Dein Buch zur Welt kommen. Nichts ist wichtiger ...

Lass' fließen, wie schon erwähnt: mindestens 15 Minuten lang, wenn nicht 30.
Als Empfehlung rate ich Dir: lasse keine Pause entstehen! Bleib im Fluss. Alles darf niedergeschrieben werden, auch Deine „Hänger", Zweifel, Ängste, Unwägbarkeiten.
Schreibe nieder, was Dir unter den Nägeln brennt ... was Dir im Herzen, in der Seele brennt. Was Dich begeistert – und damit auch andere begeistern wird. *mg*

„Begeisterung erhebt das Leben
über das Alltägliche
und verleiht ihm erst einen Sinn."
Norman Vincent Peale

Variation zu: Brainstorming mit sich selbst

1) Versetze Dich in einen entspannten Zustand (zünde eine Kerze an, lege Dir entspannende

Musik auf, schließe die Augen, gehe mit der Aufmerksamkeit ganz nach innen).

2) Frage Dich, was Du als Leser/-in gerne in einem Buch wie Deinem lesen würdest. Welche Themen sollten vorkommen? Wünschst Du Dir Übungen zu verschiedenen Themenbereichen? Was würde Dich interessieren zu erfahren?

3) Mach Dir eine Stichwortliste von allem, was Dir einfällt, ohne Dich zu zensurieren. Alles darf sein, auch die ungewöhnlichsten oder scheinbar verschrobensten Ideen.

4) Wenn Dir nichts mehr einfällt, schließe wieder die Augen, geh nach innen und frage dich, ob noch etwas ergänzt werden will.

5a) Wenn weitere Ideen und Inspirationen fließen, ergänze Deine Liste.
b) Wenn die Liste vorerst vollständig ist, beginne Begriffe, die thematisch zusammengehören, mit der selben Ziffer zu nummerieren und die Nummern in einer – aus jetziger Sicht – logischen Reihenfolge zu wählen.

6) Diese Themenbereiche kannst Du nun zu einer ersten groben thematischen Gliederung ordnen. Daraus entsteht im Laufe der Zeit Dein Inhaltsverzeichnis. Während des Schreibens kann diese

Liste laufend ergänzt und auch umgestellt werden, so sich im Schreibflow eine andere Logik des Aufbaus zeigt.

Die Gliederung dient zur Unterstützung, das Buch in überschaubare „Häppchen" zu unterteilen. So siehst Du nicht den „Berg" der Arbeit, sondern nur die jeweiligen Wegstrecken und schreibst Kapitel um Kapitel (einzelne Artikel). Das ist – psychologisch betrachtet – einfacher zu bewältigen als ein ganzes Buch mit über hundert Seiten. *sk*

„Jeder wird zum Dichter,
wenn Eros ihn berührt."
Platon

II – Beginn des Embryonalstadiums: Fruchtblase und Sammlung

> *„Das Letzte, was man findet, wenn man ein Werk schreibt, ist, zu wissen, was man an den Anfang stellen soll."*
> Blaise Pascal

Die kaum 2 bis 4 Millimeter große Zellkugel zieht sich in die Länge und tritt nun in die Embryonalphase ein: Kopf und Rumpf werden angelegt und das Herz fängt an zu schlagen: mit 150 bis 160 Schlägen pro Minute doppelt so schnell wie unsere erwachsenen Herzen! In diesem Stadium scheint der Kopf überproportional und ähnelt der einer kleinen dicken Bohne. Die ersten Gesichtszüge des Babys mit den Anlagen für Augen und Ohren sind zu erkennen. Alle wichtigen Organe wie Nieren und Leber beginnen zu wachsen. Auch Arme und Beine werden bereits angelegt. Der Embryo entwickelt sich.

Ein anderes Wort für Embryo ist Keimling. Dieses Wort verdeutlicht besser, was sich hinter dem Begriff verbirgt. Das Baby befindet sich in einer sehr frühen Entwicklungsphase. Fruchtblase, Plazenta und Nabelschnur entstehen sowie die Anlagen für die meisten Organe. Ein Hormoncocktail wird ausgeschüttet, die Mutter kann sich müde fühlen oder weiterhin unter Übelkeit leiden. Körperliche und/oder seelische Befindlichkeitsstörungen sind möglich. Die Schwangerschaft ist eindeutig nachweisbar.

„Eindeutig nachweisbar" heißt es auch für's Buchbaby! „Hilfe, ich bin buchschwanger!" – Die Emotionen können das erste Mal hochgehen und leichte Übelkeit verursachen, wenn man „es" realisiert: „Uff, das wird Arbeit, bei aller Liebe!" Doch die Ideen fließen. Die Autorin, der Autor kann sich nicht mehr diesem Fluss entziehen.
„Spätestens jetzt steht's fest: Ich MUSS mich diesem Werk widmen!" – Nun gilt es, alles zu sammeln, was mit dem Thema im Zusammenhang steht. Ein Hängeordner leistet gute Dienste. Ab jetzt bitte stets ein Notizbüchlein bei sich tragen; denn keine Idee soll verloren gehen. Aus der unausgegorenen Inspiration wird eine umfassende Ideensammlung – die Grobstruktur für den Inhalt in Form von thematischen Schwerpunkten (die später zu Kapiteln und Inhaltsverzeichnis werden) entsteht.

Anregung: Das persönliche „Buch-Projekt-Begleit-Heft"

Als Umsetzung Deines Entschlusses empfehlen wir, Deinem Buch-Abenteuer sogleich ein eigenes, schönes Heft, ein schmuckes Begleit-Büchlein, einen bunten Ordner zu widmen. – Als erste

Manifestation Deiner ernsten Absicht, Dich auf den Buch-Prozess einzulassen. Darin möge alles notiert werden, was an Gedanken, aber auch Bedenken auftaucht. Dieses persönliche „Buch-Projekt-Begleit-Heft" möge ab nun Dein ständiger Gefährte sein; auch, um über den Schreib-Fortschritt – samt allfälliger Zweifel – zu reflektieren. Idealerweise blühen darin Deine Ideen auf; und tagtäglich kommen ein paar Notizen dazu. Notizen nicht nur zum Schreibprozess selbst, sondern auch im Hinblick auf mögliche Sponsoren, auf Kooperationen oder mögliche Orte für eine Präsentation, eine Lesung.

Ein Lebewesen wird erschaffen

Wir freuen uns mit Dir über das erhebende Gefühl, wenn die ersten Seiten vor Dir liegen. „Mein Werk!" – Und wie es wächst. Seite um Seite. Tag für Tag.
Es gehört zu den schönsten Erfahrungen des Lebens, sich als Schöpfer/-in zu fühlen. Deshalb wagen wir von „Buch-Elternschaft", von mütterlichen ebenso wie väterlichen Empfindungen zu sprechen.
Sei gewiss: Dergleichen wird sich einstellen.
Schaffe Dir schon jetzt – beim Beginn – einen „Gedanken-Freiraum" für Dein Buch(-Projekt). Ab jetzt bist Du zu zweit. Du erschaffst ein Lebe-

wesen, mit dem Du fortan Dein Dasein teilen wirst. Ab sofort wirst Du an diesen neuen Lebens-Partner denken; „das muss ich festhalten/niederschreiben", wirst Du Dich oft und oft erinnern – und Deinen Kugelschreiber zücken. Du wirst, sobald's dereinst fertig ist, Dein Buch – im Auto/im Rucksack – stets dabeihaben; Du wirst eventuell Inserate schalten, auf *facebook posten, twittern, bloggen* und *appen*, „Werbekarten" für Dein Werk unter die Menschen bringen, an Interessierte verteilen, in Kaffeehäusern liegen lassen ... (mehr dazu im Kapitel „Marketing").
Und Du wirst es genießen, wenn andere Dein – publizistisches – Kind reizvoll, interessant, schön finden ... *mg*

*„Glück ist kein Geschenk der Götter,
es ist die Frucht einer inneren Einstellung."
Erich Fromm*

Sei stets bereit für Musenküsse

Es kann immer und überall passieren; gerade dann – und dort – wo Du's vielleicht am wenigsten annimmst, erwartest. Eine Inspiration für Dich. Ein Gedanke. Ein Wort. Und so passend für mein Werk. Aber leider ... ich hab' jetzt gar nichts bei mir, um's festzuhalten. Und wenn wir dann bereit wären, es aufzuschreiben, ist's weg!

„Wenn was reinkommt", sagt Ingrid aus der Buch-Gebär-Gruppe, „dann schreib' ich's auf einen Bierdeckel – sollte ich mein kleines Notizbücherl nicht dabei haben." Oder willst Du's lieber, wie Gerhard, in ein Diktiergerät sprechen und später abschreiben (lassen)?
In sämtlichen Räumen meiner Wohnung, aber auch im Auto sind stapelweise Zettel bereit, um meine Eingebungen zu notieren; besonderer Tipp: am Nachtkästchen – samt Taschenlampe. Denn oft werden in Träumen wertvolle Hinweise gegeben; man wird kurz wach – könnte und kann auch tatsächlich seitenweise schreiben – IN DIESEM MOMENT, leider aber nicht mehr am nächsten Morgen, wenn man sich Zeit dafür nehmen würde, aber die Inspiration sich mit der Nacht verabschiedet hat ...
Die Einladung der Musen gilt – jederzeit – überall: wir müssen und dürfen bereit sein für deren – mal fordernde, zärtliche, zwickende – Küsse. *mg*

Und: Speichern!

Auch ein Indiz – irgendwann im Buchschreibprozess wirst Du feststellen – oder gar aufschrecken: Was, wenn das Geschriebene plötzlich weg wäre? Das wäre „Horror"!
Ja, da ist schon so viel Schönes, Brauchbares entstanden; das möge bewahrt werden. Ich will

diese Texte nicht mehr verlieren; sie sind mir wichtig.

Also: Bitte vor dem „Herunterfahren des Computers" auf eine externe Festplatte, vielleicht einen neuen, schönen USB-Stick SPEICHERN.
Und immer wieder speichern.
Und den Stick stets bei Dir tragen – falls Einbrecher den Computer …

Dein Buchbaby will schon jetzt immer bei Dir sein! *mg*

*„Es zählt zum Schönsten in der Literatur,
dass man sich ausprobieren kann,
während man in der Welt herum
funktionieren muss."*
Michael Krüger

III – Vom Embryo zum Fötus: Verlagsfrage, Exposé und Gliederung

*„Die Inspiration existiert,
aber sie muss Dich bei der Arbeit finden."*
Pablo Picasso

Um die 12. Woche endet leider jede dritte Schwangerschaft, weil das Ei verloren geht. – Gratulation: Bei diesem Baby sind alle wichtigen Organe angelegt und fast vollständig entwickelt, so spricht man nun von einem Fötus (oder Fetus nach lateinisch *fetus*, „die Brut, Nachkommenschaft"). Ab diesem entscheidenden Entwicklungsschritt wächst der Fötus jeden Tag um ungefähr einen Millimeter. Das Gesicht mit Augen, Nase und Mund ist jetzt deutlich zu erkennen und auch die ersten Ansätze des Gehirns. Der Fötus wird über die Nabelschnur und Plazenta versorgt. Für ihn beginnt eine stürmische Zeit, er ist ständig in Bewegung und schläft nur wenige Stunden. Beschwerden klingen ab.

Auch die Ideensammlung für's Buch wächst und wächst ... Aus diesen gehorteten Ideen und einer ersten Grobstruktur des Buches entstehen die Gliederung und das Exposé. Diese dienen dazu, die wesentlichen inhaltlichen Aspekte kurz und knackig zu beschreiben, den Aufbau, Umfang, optische Gestaltungsmöglichkeiten und die

Zielgruppe abzustecken. Sei es, um sich damit – ergänzt durch das Inhaltsverzeichnis und ein Probekapitel – auf Verlagssuche zu begeben oder für sich selbst ein klareres Bild des Buchprojekts zu bekommen.

Eben noch eine Zelle, jetzt schon Fötus; eben noch eine vage Idee – und schon ein Buch-Projekt:

Ich bin's, Dein Buch-Baby

„Hallo, kannst Du mich spüren? Wahrnehmen? Hören? Ja, ich bin bereits da. In Dir. Ich wachse. Deine indifferente Idee, Dein Wunsch, Deine Sehnsucht, Deine Passion, ein Buch zu machen, ist auf fruchtbaren Boden gefallen. Auf einen guten Nährboden. Der Funken der Begeisterung ist übergesprungen. Der Samen blüht auf. Eben noch eine Zelle, bin ich jetzt schon im Baby-Stadium: Ich entwickle mich rasch vom Embryo – oder auch Keimling genannt – zum Fötus, in dem schon alle wichtigen Organe angelegt bzw. entwickelt sind. Ja, da gibt es bereits eine Gliederung, ein Exposé, ein ungefähres Inhaltsverzeichnis. Du und ich wissen, wie das Buch in ein paar Monaten aussehen soll – wenn's zur Welt kommt.
Und ich will Dich nun ermutigen: Bleib' dran! Bring' mich zur Welt. Lass' Dich nicht mehr abbringen durch Einwände, Zweifel, üble Rat-

schläge! Bitte gib mir diese besondere Chance, Deine Gedanken in der Welt zu manifestieren. Freude zu bereiten, wenn ich in den Händen von geistvollen, liebenden Leser(inne)n sein kann.
Als DEIN Buch bin ich Dein besonderes Sprachrohr. Bitte unterwirf mich nicht dem Diktum eines selbstherrlichen Lektors; lass' diese Demütigung nicht zu. In mir liegt Deine wahre Freiheit, in mir ist der demokratische Auftrag, die Einladung zur freien Meinungsäußerung. Ergreife Dein Wort, sag', was Dir wirklich wichtig ist, keiner hindert Dich – wenn, dann nur Du Dich selbst! Und das wäre doch schade, wenn ich verstümmelt zur Welt käme – ich verdiene die bestmögliche Form. Inhalt UND Ästhetik. Du verdienst mich! – Du wirst stolz auf mich sein …"

*Hörst Du Dein Buch-Baby, den Fötus, oder – wie Günther so treffend meinte – die **Buchseele** zu Dir sprechen? Woran wirst Du erinnert, ermahnt, worauf hingewiesen? Frage immer wieder nach, was Dein Buch als nächstes braucht; HIER ist die wertvollste Quelle für Dein Schreiben! – Dein Buch-Baby ist noch fern der Sozialisation, es kennt noch keine gesellschaftlichen Normen, Filter und Einschränkungen; es hat grenzenloses Potenzial, das es – froh und frei im Fruchtwasser schwimmend – Dir als Autorin bzw. Autor zur Verfügung stellen will …*   *mg*

„Ich bin ein Geschenk", macht die Buchseele dieses Werks mir – und gleich auch meiner lieben Koautorin klar: „Ich bin dein/euer Geschenk. So viele Bücher habt ihr schon über die Jahre geplant, umgesetzt; fast 40. Dieses jedoch NICHT. Es hat sich ergeben. Und ist eine GABE des universalen Lebensflusses. Weil ihr empfangsbereit wart. Und euch zum Sprachrohr der ungeborenen Buchbabys gemacht habt. Allfällige Egoismen, die unter mehreren Beteiligten an einem Projekt üblicherweise ausbrechen, mögen euch erspart bleiben; sie sind überflüssig.

IHR gebt Anregungen zur Entwicklung – und diese werden hilfreich sein. Genießt den gemeinsamen Prozess – wie jetzt gerade, an der Endversion schreibend, im schwarzen, feinen Sand am Meer am Charco Verde auf La Palma liegend, dann in der Taberna del Puerto de Tazacorte einen Sundowner genießend – freut euch an und mit den Menschen, die durch euch und mit diesem „Buchschwanger"-Ratgeber angeregt werden, ihre eigenen Bücher zur Welt zu bringen." *mg*

„Damit das Mögliche entsteht,
muss immer wieder
das Unmögliche versucht werden."
Hermann Hesse

Veröffentlichungsmöglichkeiten für Bücher und E-Books

Ich habe im Laufe von über 15 Jahren als Buchautorin die ganze Bandbreite durchgespielt. Mein erstes Buch kam gleich bei einem großen deutschen Verlag heraus, ein Auftragswerk über ein Redaktionsbüro, für das ich damals arbeitete. Später sammelte ich Erfahrungen mit kleinen Verlagen in Deutschland und Österreich, als Selbstverlegerin und mit einem deutschen Dienstleisterverlag. Alle Möglichkeiten der Veröffentlichung haben Vor- und Nachteile – in dieser Übersicht sind sie zusammengefasst – je nach persönlichen Prioritäten lassen sie sich abwägen und eine Entscheidung treffen. *sk*

1) Verlag
a) Großer Verlag

Vorteile:
- hohe Qualität (lektoriert, professionelle Gestaltung, Druck etc.)
- größte Verbreitungsmöglichkeit, bestes Image (bei Handel, Presse und Publikum)
- Vertreter stellen dem Buchhandel die Neuerscheinungen vor
- in vielen Buchhandelsregalen zu finden
- keine finanziellen Kosten (Lektorat, Grafik, Vertrieb etc.)

- Chance auf ein Garantiehonorar für das Manuskript
- E-Book erscheint meist parallel

Nachteile:
- zeitaufwändige Suche (ein bis zwei Jahre Vorlaufzeit)
- der Verlag redet mit (letztes Wort bei Titel und Cover; Eingriffe in den Text)
- geringe Beteiligung (5 bis 10 Prozent vom Nettoverkaufspreis – Staffelung möglich bei größeren Stückzahlen)
- wenn sich das Buch nicht verkauft, wird es nach einigen Jahren vom Markt genommen

b) Kleiner Verlag

Vorteile:
- zweitbestes Image
- keine finanziellen Kosten (Lektorat, Grafik, Vertriebspartner meist vorhanden)
- Bewerbung, PR (ja nach Budget des Verlags)
- E-Book erscheint meist parallel

Nachteile:
- zeitaufwändige Suche (immer noch rund ein Jahr Vorlaufzeit)

- der Verlag redet mit (letztes Wort bei Titel und Cover; Eingriffe in den Text)
- geringe Beteiligung (5 bis 10 Prozent vom Nettoverkaufspreis – Staffelung ev. möglich bei größeren Stückzahlen)
- manche Verlage wünschen sich die Abnahme einer gewissen Büchermenge

2) Dienstleisterverlag (Print on Demand-Anbieter)

Vorteile:
- schnelle Veröffentlichung (ca. 14 Tage vom Hochladen bis zum ausgelieferten Buch)
- im Buchhandel bestellbar (mit ISBN-Nr.)
- in 1000 Online-Buchshops vertreten (*amazon, Thalia, Libri* etc.)
- E-Book gratis dabei, in den gängigen E-Book-Shops vertreten
- geringe Kosten (dzt. 19 Euro für *Bod* Classic inkl. ISBN-Nummer; ab 149 € bei *MyMorawa* – ohne gedruckte Exemplare)
- zeitlich unbegrenzt verfügbar
- Beteiligung frei wählbar
- inhaltliche Autonomie
- Cover online in Vorlagen gestaltbar
- Zusatzleistungen buchbar (Korrektorat, Lektorat, Grafik etc.)

Nachteile:
- je nach Situation Zusatzkosten (Korrektorat, Lektorat, grafische Gestaltungswünsche)
- geringeres Image als eine Verlagsveröffentlichung
- Sonderformate eingeschränkt möglich
- größere Stückkosten durch Digitaldruck
- Farbseiten verteuern Druck
- im Buchhandelsregal meist nicht oder nur bedingt vertreten

3) Eigenverlag

Vorteile:
- alle Rechte bleiben erhalten
- inhaltliche Autonomie
- volle Gestaltungsfreiheit
- Preis und Gewinnspanne frei wählbar

Nachteile:
- totale Eigenverantwortung
- hohe Kosten (Tausende Euro – Lektorat, Grafik, Offsetdruck mind. 1000 Stk.)
- geringes Image
- großer Arbeitsaufwand; Lagermöglichkeit für Bücher muss vorhanden sein
- E-Book muss extra veröffentlicht werden

Darüber hinaus existieren:
4) Selbstzahlerverlage, die zwar ihr Verlagslabel zur Verfügung stellen, aber alle Leistungen extra verrechnen. Sie haben naturgemäß das schlechteste Image im Buchhandel und sind dort meist nicht vertreten.

Wer kein gedrucktes Buch herausbringen will, kann auf E-Book-Plattformen oder bei manchen Dienstleisterverlagen auch lediglich ein **E-Book** veröffentlichen. Hier ist die Marge am höchsten.

ACHTUNG: Bei allen Verträgen gibt es vertragliche **Bindungszeiten** (auch bei Dienstleisterverlagen – sollte z. B. ein Verlag das Buch übernehmen wollen, ist in diesem Fall ein gewisser Betrag zu entrichten, um vertragsfrei zu werden). Alle **Verwertungsrechte** werden an Verlage abgetreten (der Verlag übernimmt damit allerdings auch die Verwertungspflichten). Hat man vor, z. B. das Buch auf dem englischsprachigen Markt selbst nochmals übersetzt anzubieten, kann man das Recht auf die englische Ausgabe (oder andere einzelne Rechte) aus dem Vertrag herausnehmen lassen.

Autor(inn)en erhalten **Bücher** bei Verlagen (auch Dienstleisterverlagen) **ermäßigt** (häufig um 30 %) – oft ist der Preis nach abgenommener Stückzahl gestaffelt. Daraus ergibt sich eine höhere Gewinnspanne, wenn man die Bücher selber auch absetzt. **Beteiligungsabrechnungen** von den Verlagen werden meist ein- bis zweimal pro Jahr (manchmal auch vierteljährlich) erstellt und überwiesen (zum Teil gibt es Mindestbeträge für Überweisungen). Bei ausbezahlten Garantiehonoraren (meist bei Vertragsabschluss und Erscheinen zu gleichen Teilen ausbezahlt, oft einige Tausend Euro) werden Beteiligungen aus den Verkäufen gegengerechnet und erst wieder ausgeschüttet, wenn der im Voraus bezahlte Betrag überschritten ist.

Tritt man an **Verlage** heran, ist es gut, schon vorher zu wissen, welche **ähnlichen Produkte** es auf dem Markt und/oder in diesem Verlag gibt und wie man diese durch das eigene Buch ergänzt. Zu viel Ähnliches erschwert die Suche und kein Verlag macht sich selbst Konkurrenz – aber ein Thema, das bereits in einem Verlag erfolgreich veröffentlicht wurde, wird manchmal gerne durch ein weiteres Buch im Programm abgerundet.

Bei der **Verlagsrecherche** empfiehlt sich, im Buchhandel nach Büchern Ausschau zu halten, die der eigenen Vorstellung entsprechen. Im Impressum ist meist der Name des Lektors/der Lektorin zu finden – sie setzen sich bei großen Verlagen in den Sitzungen für neue Buchprojekte ein und sind mögliche Ansprechpartner/-innen. Entweder per

Telefon vorsondieren oder per E-Mail anschreiben (ev. gleich mit Exposé, Inhaltsverzeichnis und Probekapitel) und (telefonisch) nachhaken.

ACHTUNG: Einige Verlage haben bereits auf ihren Websites sinngemäß stehen: Schicken Sie uns bloß keine Manuskripte mehr! Dort ein Buchprojekt anzubieten, ist meist verlorene Liebesmühe. Bei Angeboten an Verlage ist mit etlichen Monaten bis zu einer Antwort zu rechnen (manche Verlage melden sich bei Absagen gar nicht mehr, weil sie in der Flut der Angebote untergehen). Die jeweiligen Herbst- und Frühjahrsprogramme werden ein Jahr im Voraus erstellt (das ist zeitlich einzuplanen – außerdem sind diese Perioden Stresszeiten für die Verlagsmitarbeiter, darunter auch das Lektorat). In diesen Fällen ist also nicht mit „9 Monaten zum eigenen Buch" zu rechnen, sondern eher mit einer „Elefantengeburt", wie unsere Seminarteilnehmerin Evelyn es genannt hat. Und die dauert knapp zwei Jahre.

Wie auch immer die Entscheidung ausfällt – alle Wege der Veröffentlichung bieten die Möglichkeit einer Vielzahl von Erfahrungen.

Interessant für alle, die ihre Bücher selbst verlegen (auch über Dienstleisterverlage), ist darüber hinaus die Möglichkeit, Hörbücher on demand anzubieten. Einerseits als CD, die – wie die Bücher bei Dienstleisterverlagen – nur bei Bestellung gepresst und verschickt wird (also auch Einzelexemplare), andererseits als Soundfiles in verschiedenen Formaten.

Es gibt dafür bereits etliche Plattformen, wo Aufnahmen hochgeladen werden können. Sogar Tools zur Erstellung des CD-Covers sind vorhanden und können nach den eigenen Bedürfnissen adaptiert werden. CDs ergänzen möglicherweise auch ein Sachbuch sinnvoll, z. B. mit Übungen oder Meditationen.

Natürlich ist auch hier auf Professionalität zu achten. Die Aufnahme sollte mit Hilfe eines Tontechnikers in sehr guter Qualität produziert werden. Mit einem „verrauschten", selbst aufgenommenen File schadet man sich mehr. Autoren und Autorinnen, die keine Sprechausbildung haben, sollten auch über professionelle Sprecher/-innen nachdenken. Besser etwas mehr investieren, denn „handgestrickte" unprofessionelle Aufnahmen sind für das Publikum meist nur schwer zu ertragen. Es sei denn, die Hörer/-innen sind lediglich (gnädige) Familienmitglieder und der eigene Freundeskreis. *sk*

Best-Seeler aus der Garage
Publizieren im Selbstverlag: Lohnt sich das?

„Und vom Buchschreiben kann man leben?", fragt die Nachbarin skeptisch. Am Weg in ihren vollklimatisierten Business-Headquarter, „wo's heute sicher wieder stressig wird ..." – „Und dafür willst Du leben?", verkneife ich mir, zu entgegnen ...

Es soll Menschen geben, die höchste Löhne in Eurowährung einstreifen und doch verlernt haben zu lächeln ... Es soll Buchautoren & Verleger geben, die 50.000 Exemplare eines Titels abgesetzt haben und doch nur neidvoll auf Kolleg(inn)en blicken, die mit ihrem Werk doppelt und dreimal so viele Käufer/-innen erreicht haben ... Das Kernthema für Autor(inn)en, die nicht nur aus „strategischen Gründen" mit einem Buch ihren Expertenstatus untermauern wollen, lautet aus meiner Sicht: **„Bestseller" oder „Best-Seeler"**?! Besonders schön, wenn sich das vermeintliche Gegensatzpaar, von der Passion getragen, vereint.

Natürlich ist die grundsätzliche Frage berechtigt: Was kostet eine Buchproduktion – und was will ich mit meinem Werk verdienen?! Mindestens so wichtig ist meines Erachtens die Überlegung und „Selbst-Prüfung": Spüre ich Enthusiasmus für ein Thema, für eine Botschaft? Spüre ich ein Seelen-Anliegen, das ich schreibend „vor der Öffentlichkeit" ausbreiten möchte? Will ich (m)eine Mission in die Welt tragen? Bedeutet alleine das Schreiben und Produzieren eines Buches Freude? Kann das schon „Lohn" sein: schreibend sich selbst zu entdecken und stolz das 1. Druck-Exemplar – mit ähnlichen Gefühlen wie Mütter und Väter in der Geburtsklinik – in Empfang zu nehmen?

Eines vorweg: Du brauchst VIEL an Enthusiasmus; Deine Energie, Begeisterung und Motivationskraft muss für Jahre reichen, wenn Du in Betracht ziehst, ein Buch im Eigenverlag herauszugeben. Es ist nun mal ein gravierender Unterschied, ob Du Dein Manuskript fristgerecht bei einem renommierten Verlag abgibst und Monate später zur eigenen Buchpräsentation eingeladen wirst oder ob Du <u>sämtliche Schritte SELBST planen und auch noch gehen – musst</u> …
UND: Eine Buchproduktion ist ein finanzielles Abenteuer, das Du Dir leisten können solltest, ohne auf andere, lebenswichtige Dinge verzichten zu müssen. Ich würde davon abraten, einen Kredit aufzunehmen, nur damit Dein Buch gedruckt werden kann; Dir würde dann die nötige Gelassenheit und Leichtigkeit fehlen, wenn Du weißt, Du musst (mindestens) 1.000 Bücher verkaufen, um Deine Schulden tilgen zu können.
Prüfe also, ob Du bereit bist – für die Freuden wie auch die Sorgen der Eigen-Verantwortlichkeit.

Was kommt konkret auf Dich zu?

*) Themen-Findung bzw. Prüfung auf Relevanz
*) Time-(Self)-Management für's Schreiben; Projekt-Management-Plan; Termine
*) Willst/kannst Du Dich mit dem Thema Herstellung befassen?!
*) Umfang – Ausstattung – Papierwahl: Einholung von Anboten zu Grafik und Druck
*) Schreib-Coaching? Könntest Du einen „begleitenden Text-Profi" brauchen?!
*) Korrektorat – wer beherrscht die Rechtschreibung, wenn Du unsicher bist?!
*) Lektorat (von kritischen Unabhängigen – keine wohlwollenden Freunde und Freundinnen …)
*) ISBN-Nummer besorgen
*) Preis-Festlegung
*) Vertrieb sicherstellen: Wie kommt das Buch an die Frau/an den Mann? Eigen-Versand? Partner – Grossist?
*) Buchhandel: direkt ansprechen – Vertreter? Rabatte; Lesungen anbieten …
*) für Anfragen/Bestellungen jederzeit bereit sein; Urlaubsvertretung?
*) WEBSITE, eigene Domain – mit Online-Bookshop?!
*) Promotion:
Öffentlichkeitsarbeit: Medienkontakte,
Presseaussendungen,
kostenlose Rezensionsexemplare

Werbung: Inserate in (Fach-)Medien – Werbemittel für das Buch (Flyer, Karten …)
Buchpräsentation, Lesungen, Feste …
Großabnahmen von Geschäftspartner(inne)n, Kund(inn)en …

Die 8 (Gewissens-)Fragen an mögliche Selbst-Verleger/-innen:

- Bist Du von einem Gedanken derart fasziniert, dass Du dazu ein Buch schreiben UND herausgeben – dafür also monatelang tagtäglich Zeit einplanen willst?
- Kannst Du – und magst Du – Dir vorstellen, dass Du diesem Thema über JAHRE hinaus Zeit und Energie schenkst, auch über den Erscheinungstermin hinaus?
- Willst und kannst Du Dir das Kaufmännische antun? Rechnungen, Auslieferung, Versand …?
- Hast Du eine kreative Ader, wie Du Dein Buch bekannt machen und in Umlauf bringen kannst?
- Ist Dir dieses Abenteuer, wenn Du Dein Buch selbst verlegst, 5.000 bis 10.000 Euro wert – ohne Garantie, dass Du dieses Geld (auch nur teilweise) wiedersiehst?

- Hast Du ein Auto mit ausreichend Ladefläche, das genug Platz für Bücher hat?
- Bist Du bereit, ständig und überall Werbematerial für Dein Buch bzw. das Buch selbst bei Dir zu haben?!
- Und nicht zuletzt: Hast Du einen wetterfesten Platz, um Tausend(e) Bücher lagern zu können? – Diese Frage wird überflüssig, wenn Du *Print on Demand* nutzt, wobei nur noch jene von Dir gewünschten Exemplare von Büchern (ab EINEM Stück) produziert werden.

Wenn Du nach all diesen Fragen noch immer an Deinem Traum festhältst, dann beginne mit der Realisierung und stürze Dich in das Handwerk des Schreibens: indem Du Dir selbst das Versprechen abringst, tagtäglich „brav" Deine Seiten abzuliefern. Ich persönlich „zwinge" mich, über etwa zwei bis drei Monate hindurch, wirklich JEDEN Tag mindestens EINE Stunde konzentriert an meinen Texten zu basteln. Es sind natürlich Tage mit acht Schreibstunden ebenso dabei.
ABER: Ich verstehe es auch, mir nach getaner Arbeit Tag für Tag auf die Schulter zu klopfen und mich ausgiebig zu belohnen: mit einem guten Essen, einer Theaterkarte oder gar einer neuen Füllfeder ... – Deshalb liebe ich ja meinen Ver-

leger. Und bin ihm bereits 25 Jahre lang treu verbunden.

Es ist pures Glück, SELBST zu publizieren – ohne Zensur, ohne Einmischung, ohne Anbiederung! *mg*

„Das Wort hat mich stets am Schopf gehalten! – Ein Buch verlangt das Blut des Autors."
Gertrud Fussenegger

Das Exposé

Jedes Buch ist eine Reise im Kopf – für Dich wie auch all jene, die als Leser/-innen später mit- und nachreisen werden. Welche Stationen auf dieser Reise zwischen zwei Buchdeckeln soll/könnte/wird es geben?

Wenn Deine Gedanken in ein erstes Konzept zusammenfließen, ist der Zeitpunkt gekommen, sich mit dem Exposé – oder Treatment – zu befassen.

Bringe Deine Überlegungen zum Buch in eine kurze, knackige Form - **das Wichtigste auf einen Blick!**

Wichtig ist das in erster Linie **für Dich selbst – zur Klärung,** in weiterer Folge aber auch als mögliche **„Bewerbung"** an Verlage.

Für diese ist Dein aussagekräftiges, spannendes Exposé – das nicht mehr als zwei bis drei Seiten umfassen soll – ausschlaggebend für eine mögliche Zusammenarbeit.
Beim Entwickeln dieser „komprimierten Gedankensammlung" ist die nachfolgende Liste sicher eine gute, bewährte Unterstützung:

1) **(Arbeits-) Titel und Untertitel, Name des Autors/der Autorin**

2) **Das Thema** – Worum geht´s? – Relevanz? Aktueller Bezug? Trend?

3) **Zielgruppe(n)** – Für wen könnte es interessant sein?

4) **Aufbau-Struktur-Gliederung-Umfang**

5) **Format und Gestaltung** (sind Bilder oder Grafiken geplant? In Farbe, Schwarzweiß?)

6) **Genre – wo in der Buchhandlung findet man Ihr Werk?** Sachbuch-Ratgeber-Krimi-Poesie-Kinderbuch-Erotik…?

7) **Zur Autorin/zum Autor** – nähere biografische Angaben

Als Beispiel findest Du hier unser Exposé.

E x p o s é

Manfred Greisinger   Sabine Knoll
Buchschwanger

In 9 Monaten zum eigenen „Buch-Baby"

<u>1) Inhalt</u>

Dieses Buch soll einerseits ein praktischer Leitfaden sein, dem man – analog zu einer 9-monatigen Schwangerschaft – während des Prozesses des „Buchgebärens" folgen kann, andererseits die Liebe zum Schreiben nähren und anregen. Es entstand aus der Seminarreihe „9 Monate zum eigenen Buch", die Manfred Greisinger und Sabine Knoll 2016 erstmals für eine Gruppe von „Buchschwangeren" hielten, die Bücher in die Welt setzen wollten.

Von der Idee zum Konzept, von der ersten Gliederung zum Inhaltsverzeichnis, Schreibflow-Übungen, aber auch zahlreiche praktische Infos flossen ein. Es beantwortet Fragen wie: Welche Vor- und Nachteile haben die verschiedenen Veröffentlichungsmöglichkeiten (Großer und kleiner Verlag, Dienstleisterverlag, Eigenverlag)?

Wie sieht ein Exposé aus und was steht in einem Verlagsvertrag? Wie hoch sind die üblichen Verkaufsbeteiligungen für Autor(inn)en? Was sind Garantiehonorare? Was muss ich in puncto Copyright bei Zitaten und Bildern beachten? Wie bringe ich mein „Buchkind" in die Welt (Marketing, PR, Präsentation)?

Darüber hinaus thematisieren Manfre Greisinger und Sabine Knoll den Prozess des Buchschreibens mit all den möglichen Ängsten und Zweifeln und wie man diese Blockaden lösen kann.

Sie beleuchten, wie sich jeder und jede Schreibende letztlich im Laufe dieser 9 Monate im Spiegel des Buchprojektes selber begegnet.

Dieses Buch soll Unterstützung und Ermutigung für Menschen sein, die ihr eigenes Buch schreiben wollen, in allen Phasen der „Buchschwangerschaft", von der befruchtenden Idee über die verschieden Phasen des Wachstums bis zu den Geburtswehen und schließlich der Freude über das geborene „Buch-Baby".

2) Zielgruppe

Die Zielgruppe sind Menschen, die mit einer Buchidee schwanger gehen und ihr „Buch-Baby" – endlich – gebären wollen. Erstveröffentlichende ebenso wie Autor(inn)en, die ihr Wissensspektrum erweitern möchten.

3) Aufbau

Das Buch ist gegliedert in Anlehnung an die 9 Monate einer Schwangerschaft und enthält für jedes Monat, für jede Entwicklungsstufe, praktische Tipps sowie Unterstützendes und zahlreiche Übungen für den persönlichen Prozess des „Buchgebärens".
Es ist wie „Schwangerschaftsturnen und Geburtsvorbereitung für Buchschwangere", gewissermaßen ein „Mutter-Kind-Pass" – auch für Buch-Väter …

4) Format und Gestaltung

Das Buch soll cirka 120 bis 180 Seiten umfassen und als Paperback im Format A 5 oder 12 x 19 cm erscheinen.
Zudem werden etwa 10 Farbfotos aus den Buchgruppen-Settings/Workshops das Werk illustrieren.

5) Genre
Sachbuch/Ratgeber

6) Der Autor/die Autorin
Dr. Manfred Greisinger …
Mag. Sabine Knoll …
(Kurzbiografien)

Und „außerhalb der Liste" – zum Exposé:
7) **„Zielgruppe ICH"**

> *„Ehrlichkeit ist das erste Kapitel im Buch der Weisheit."*
> *Thomas Jefferson*

Wesentlich und hilfreich ist meiner Überzeugung nach (und als Autor des Longsellers „ICH-Marke") die Sichtweise der **„Zielgruppe ICH":** Ja, bitte überlege Dir ganz persönlich und sehr ehrlich: Warum willst Du Dich Deinem Buchthema widmen ... Was ist Dein ureigener Antrieb?! WAS an dem Buchprojekt ist Dir ein Herzensanliegen? Hier ist die **ehrliche, persönliche Motivation** gefragt.

In keinem „professionellen Exposé" kommt dieser Gliederungs-Punkt vor. Und dennoch halte ich persönlich am meisten davon – und auch in unseren Buch-Schreib-Gruppen war/ist diese Fragestellung sehr hilfreich.
Warum willst DU das Thema X bearbeiten? Warum möchtest
- GERADE DU
- GERADE DIESES und
- KEIN ANDERES Buch schreiben?!

Gestehe es – zumindest mal Dir selbst – ein, warum Dein Buch entstehen soll:

- Willst Du jemanden etwas „beweisen"? Eine „alte Schuld abtragen"?
- Willst Du in die Annalen eingehen? Einen Weltbestseller landen?
- Willst Du mit dem Werk ein persönliches Jubiläum feiern?
- Treibt Dich eine „Abrechnung" mit Personen/Situationen an?
- Willst Du's „aus Marketing-Gründen" machen – weil Du in Karriere-Führern gelesen hast: Experten-Status erhält nur jene/r, die/der ein eigenes Buch vorweisen kann …
- Willst Du aus Deinem Erfahrungs- und Erkenntnisschatz etwas weitergeben, bewusst mit anderen teilen? Dein Buch als Mit-teilung?!
- Schreibst Du wahrlich „frei"?

Sei ehrlich und wahrhaftig zu Dir. Jede Motivation ist letztlich okay, wenn sie klar ist.
Sei Dir wirklich klar, was Deine Triebfeder ist.
Und erlaube mir in diesem Zusammenhang darauf hinzuweisen: Ein Buch, das nur aus Marketing-Gründen und in „Erwartungshaltung" erschaffen werden soll, sträubt sich dagegen …
Je stärker Deine Begeisterung für DEIN WERK, umso leichter wird's vorangehen. *mg*

IV – Ruhiges Wachsen: Schreibflow und Zeit nehmen

*„Um einen guten Liebesbrief zu schreiben,
musst Du anfangen, ohne zu wissen,
was Du sagen willst, und endigen,
ohne zu wissen, was Du gesagt hast."*
Jean-Jacques Rosseau

Nun verfügt der neue Mensch über alle lebenswichtigen Körperteile, von den Zahnwurzeln bis zu den Fußnägeln ist alles da! Ab jetzt sinkt das Risiko einer Fehlgeburt deutlich und die Eltern können die frohe Botschaft Freund(inn)en und Familie verkünden! Der Fötus ist nun etwa fünf Zentimeter lang und wiegt ungefähr 16 Gramm. Das Baby kann bereits erste Geräusche wahrnehmen, auch die Stimmbänder entstehen.
Eine ruhige und stabile Phase beginnt. Die Beschwerden sind abgeklungen, die Organe reifen, die Körperfunktionen und Reflexe bilden sich aus. Eine Zeit des Wachstums. Die Entwicklung des Herzens ist mit der 15. Woche vollständig abgeschlossen, die Leber und die Bauchspeicheldrüse nehmen ihre Funktion auf. Ruhe und Bewegung, beides ist jetzt wichtig für das Wohlbefinden im ganzheitlichen Sinne.

Der Aufbau des Buches und die Kapitel sind weitgehend klar. Es folgt eine ruhige, glückliche Zeit des Entstehenlassens. Der Schreibflow wird immer kräftiger, erspießlicher und die ersten Kapitel nehmen Gestalt an. Der Fluss der Inspirationen ergießt sich in die Form und verdichtet sich zu konkreten Inhalten. Regelmäßige Schreibphasen lassen den „Buchfötus" wachsen.

In den Schreibflow kommen

Sie ist die Feindin der Schreibenden – die Schreibblockade. Gründe für sie gibt es viele, auch Selbstboykott gehört dazu. Gar nicht erst anfangen, weil man Angst hat, mit dem Werk sichtbar zu werden, sich der Kritik zu stellen. Oder weil alles andere plötzlich eindeutig wichtiger ist – die Buchhaltung, der Osterputz oder was auch immer. Sind diese Selbstaushebelungsmechanismen erst einmal überwunden – und das kann viel Bewusstheit erfordern sowie die Auseinandersetzung mit (noch unbewussten) Überzeugungen, Ängsten und Zweifeln – heißt es: Go with the Flow. – Aber wie in den oft zitierten Flow-Zustand kommen?

Mir hilft es, mich bewusst in einen entspannten, meditativen Zustand zu versetzen, ehe ich mit dem Schreiben beginne. Manchmal reichen ein paar tiefe Atemzüge, die Finger auf den Tasten und der Entschluss, jetzt zu schreiben, dann braucht es wieder mehr an Einstimmung. Eine Zeitlang waren für mich schamanische Trommelreisen hilfreich. Der monotone Klang der Schamanentrommel unterstützt die Hirnwellen, mit ihnen in Resonanz zu gehen. Ein Trommelrhythmus von 4 bis 7 Hertz (Schläge pro Sekunde) erzeugt im Gehirn Theta-Wellen. Sie sind typisch für einen Wachtrance-Zustand, wie wir ihn aus der Zeit vor dem Einschlafen oder kurz vor dem Aufwachen kennen. Ein Dämmerzustand, in dem häufig Ein-Fälle (im wahrsten Sinne des Wortes) kommen, ein kreativer Zustand, in dem der Verstand noch nicht zensuriert. Deshalb ist es auch hilfreich, immer Schreibsachen auf dem Nachtkästchen liegen zu haben. Gerade in einem Kreativprozess wie dem Buchschreiben kommen im Bett oft die besten Ideen ...

Wer mit der Schamanentrommel nicht so auf Du und Du ist, kann entspannende Musik bzw. Übungen ausprobieren oder vor dem Schreiben meditieren und in die Stille gehen. Das Gefäß muss leer sein, um sich füllen zu können mit Ein-Fällen. Ist der Verstand sehr aktiv, kann es wirklich mühsam werden. Wo fange ich an, wo höre ich auf? Das ist dann oft die Frage, wenn Berge von Material auf uns Schreibende warten. Ein guter Tipp aus meiner Journalistinnenzeit: Das Material (für das nächste Kapitel zum Beispiel) vor dem Schlafengehen durchlesen und am nächsten Morgen aus dem Gedächtnis zu schreiben beginnen. Nur Fakten und Zitate nachschlagen, wenn der Text fertig ist, und es einfach fließen lassen. Ist der erste Satz geschrieben, bekommt es meist eine Eigendynamik, die man am besten nicht unterbricht. Wir wollen den Schreibflow nicht stoppen, wenn er fließt und die Muse uns küsst.

Ich biete auch immer wieder Kurse für Menschen, die gerne schreiben, an. Zu Beginn hießen sie „Schreiben in Trance" (mit schamanischen Trommelreisen), jetzt heißen sie „Schreiben aus dem Herzen". Die folgende Übung soll unterstützen, in den Schreibflow zu kommen. *sk*

Übung: Schreiben aus dem Herzen

Du spürst deine Füße auf dem Boden. Du spürst, wo dein Körper auf dem Sessel aufliegt, der ihn trägt. Du spürst deinen Atem ein- und ausströmen. Es atmet dich. Mit jedem Ausatem gibst du alles ab, was dich belastet oder noch beschäftigt, mit jedem Einatem tankst du frische Energie. So sinkst du mit jedem Ausatmen tiefer und tiefer in die Entspannung.

Deine Füße sind entspannt, deine Knöchel, deine Schienbeine und Waden sind entspannt, deine Knie, deine Oberschenkel sind entspannt, deine

Hüften, dein Becken und Gesäß sind entspannt, dein Bauch, die inneren Organe und der Darm sind entspannt, dein ganzer Rumpf, dein Brustkorb, die Wirbelsäule sind entspannt, deine Arme und Hände sind entspannt, dein Hals, dein Nacken, dein Kopf sind entspannt, dein Kiefer, deine Kopfhaut und auch dein Gehirn sind entspannt.

Und allmählich wandert deine Aufmerksamkeit in den Raum deines Herzens, wo deine innere Weisheit wohnt, das, was du wirklich bist, wo alle Antworten auf deine Fragen vorhanden sind. Dort gehst du in Kontakt mit deiner inneren Stimme, der Stimme deines Herzens, mit der Frage:

"Welcher Text für mein Buch möchte jetzt geschrieben werden?"

Sobald das erste Wort, der erste Satz kommt, beginnst du zu schreiben und lässt es fließen, ohne nachzudenken oder zu zensurieren. Details kannst du später nachschlagen.
Wenn die Botschaft abgeschlossen ist, legst du die Schreibsachen beiseite und kommst wieder ganz im Hier und Jetzt an. *sk*

"Je mehr Du gibst,
desto mehr Schätze wirst Du finden."
Anais Nin

Beispiel: „Schreiben aus dem Herzen" mit der Frage „Welcher Text für unser Buch will jetzt geschrieben werden?"

Buchschwanger zu sein ist ein Vorgang des schöpferischen Bewusstseins. ES will sich in die Form ergießen. ES will Gestalt annehmen, sich zeigen. ES will in die Welt gehen, Menschen berühren, begeistern.
Buchschwangerschaft heißt erschaffen, heißt sich dem Leben hingeben und dem Prozess vertrauen, sich überlassen, sich führen und berühren lassen von der Energie des Erschaffens. Es ist ein göttlicher Prozess, offenbart sich in allem, was ist. – ES kann nicht anders als sich verströmen, andere teilhaben lassen am Großen Ganzen, all den Facetten des Göttlichen.
Es ist ein Weg des Erschaffens, es ist ein Fließenlassen und Fließen, es ist Geschehenlassen durch mich. Es ist die Liebe in allem, die sich verwirklichen will.

Buchschwanger sein heißt erschaffen, heißt, sich dem Leben, der Liebe hingeben, dienen und das „Kind" in die Form bringen. Weil ES sich verwirklichen will – durch dich, durch mich, durch alles, was ist. Zum Wohl, zur Freude von allen.
So sei es! *sk*

Welcher Text will NUN entstehen?!

DANKE! Für die Möglichkeit des Schreibens. Die mir vermittelt, gelehrt wurde. Ein Tor in jene faszinierende Welt, die mir Beruf wurde, ging auf. Obwohl in der Schule – im Deutschunterricht – nicht wirklich gefördert oder gar anerkannt, entpuppte sich's als wesentlicher Lebensweg.
Danke für die Worte, für's Wortklauben, für's Sinnieren, Finden und Erfinden; Sprache, du wundervolles Geschenk!
Ich sitz' einfach nur da in diesem ewigen Moment, freudvoll, hingebungsvoll, demütig dankbar, lasse die Füllfeder über's Papier Spuren ziehen – meine Tinte ist pures Herzblut.
Wie schön, wenn ich DICH, wenn wir einander inspiriere(n), die eigenen Worte frei zu geben und unsere Bücher entstehen zu lassen. *mg*

„Schreiben aus dem Herzen" zum Thema:
Was ist Schreiben für mich?

Schreiben ist Passion, ist Leidenschaft – auch wenn es keine Leiden, sondern pure Freude schafft.
Schreiben ist Liebe, Eintauchen in das Große Ganze.
Schreiben ist ein Zustand des Seins.
Schreiben nährt die Seele, das wahre Selbst.

Schreiben lässt mich atmen, aufatmen, sein.
Schreiben hält mich am Leben.
Schreiben IST Leben.
Schreiben ist wie der Atem des Lebens.
Schreiben ist ein Grundnahrungsmittel meiner Seele.
Schreiben ist ein Fließen mit dem, was ist.
Schreiben bringt mich zur Essenz.
Schreiben IST Essenz.
Schreiben ist Sein im Jetzt.
Schreiben ist.
Ich bin.
sk

Schreiben aus dem Herzen:
Wort-Altar

Mein Herz kniet vor dem Wort –
welches verdient mehr Anbetung?
Wer maßt sich an, auch nur ein Wort
auszuschließen aus der Gunst?
Diene dem Wort – missbrauche es nie!
Ich liebe die Gesellschaft von Worten –
und von Wort-Anbeter(inne)n.
Niemals wollen wir achtlos gegenüber den Worten sein.
Schreiben ist unser Gebet!
mg

Kommunikation mit der Natur

Alles erzählt eine Geschichte – wenn wir bereit sind, sie zu hören. Diese Botschaft kam bereits 1999 in einem schamanischen Workshop zu mir. So ging ich in die Natur und wollte wissen, welche Geschichten mir Steine, Kristalle, Bäume und die Elemente erzählten. Jedes Gegenüber hat eine Botschaft – sei es, weil wir uns in ihr Feld „einklinken" und uns mit einer größeren Intelligenz hinter allem verbinden, sei es, weil wir bewusst mit einer Projektionsfläche arbeiten und letztlich so mit uns selbst in Kontakt kommen bzw. kommunizieren. Welchen Blickwinkel wir auch einnehmen, Tatsache ist: Es funktioniert. Und mehr brauchen wir nicht zu wissen. *sk*

„Jede Minute, jeder Mensch, jeder Gegenstand kann Dir eine nützliche Lehre geben, wenn Du sie nur zu entwickeln verstehst."
Heinrich von Kleist

Experten um Dich

Eine besonders schöne – und Du wirst sehen – ergebnisreiche Übung für Dich:
Lass' Dich ansprechen! – Von einem Gegenstand um Dich: von einem Stein, einer Blume, vom Himmel, vom Meer (wenn Du Dir, wie wir uns

beim Endfertigen dieses Buches auf den Kanaren, ein solches Geschenk gönnst), einem Kaki-Baum, einer Mohnkapsel, einer Schneeflocke, von der Sonne, vom Wind …

Sei einfach nur achtsam, WAS in Deinem Umfeld Dir JETZT gerne eine Botschaft zu Deinem Buch-Projekt geben will.

Lass' Dich inspirieren, trete in Kommunikation mit den Wesenheiten um Dich. Vielleicht ist's ein Vogel, der mit Dir sprechen will. Eine Blume. Eine Frucht am Baum. Vielleicht sind es Blätter im Wind. Sie alle haben DIR, ja, DIR allein, etwas Besonderes zu sagen.

„Bringe Deine Botschaft, wie die Spitze eines Palmenblattes, auf den Punkt!"
„Sei liebevoll zu Dir selbst, lass' begrenzende Gedanken los – und schenke die Früchte Deiner Gedanken weiter!"
„Dein Buch soll Licht und Wärme spenden und die Leser/-innen auf die Sonnenseite führen, so wie ich", spricht die Sonne. *mg*

Schreibübung mit einer Pflanze

Such Dir eine Pflanze (einen Baum, Strauch, eine Blume etc.) und frage sie (auf der Herzebene):

„Was kannst du mir über mein Buchprojekt erzählen?"
Lausche nach innen. Wenn der erste Satz ins Bewusstsein kommt, schreibe ihn auf, ohne zu zensurieren. Lass die Wörter und Sätze einfach auf das Papier fließen, dir von der Pflanze diktieren.
Du kannst auch, falls der „Redefluss" stockt, Fragen an die Pflanze stellen. Führe mit ihr ein Interview über dein Buch und die für dich wichtigen Aspekte.
Manchmal können bei dieser Übung auch in der Pflanze Analogien zum Buchprojekt entdeckt werden. Lass Dich überraschen!

Variation: Frage die vier Elemente (Feuer, Wasser, Erde, Luft) zum Beispiel, was Du von ihnen für Dein Buchprojekt und Schreiben lernen kannst. *sk*

„Was sich nach Licht sehnt, ist nicht lichtlos, denn die Sehnsucht ist schon Licht!"
Bettina von Arnim

Nährstoffe – durch Zitate

Ich bekenne: Meine Weisheit ist geborgt – inspiriert – initiiert – geschuldet – und geschenkt von weisen Geistern, in deren Gedankensphären ich freudvoll reise, deren Nähe ich stets suche und mit denen ich mich tagtäglich umgebe. Ich LIEBE meine Spruchkalender, Aphorismen-Sammlungen. Ich kann und will ohne sie nicht sein. Über deren Zahl könnte man diskutieren und ich nehme mir zum Jahreswechsel stets vor, mich einzuschränken. Und dann habe ich doch wieder für jeden Raum meiner Wohnung (mindestens) einen Tages-Impuls-Zitate-Schatz.

Ich hantle mich morgens, noch mit nüchternem Magen, also in einer ersten Nahrungs-Aufnahme, von Spruch zu Spruch: Ich besuche Sokrates, St. Exupéry, Turrini, Heller und Bernhard Paul – von dem mir in diesem Moment der Satz einfällt: *„Lebensglück besteht darin, das zu tun, was Freude macht und davon auch noch sein Dasein bestreiten zu können."*

Mein Gott, welche Freude habe ich mit Zitaten wie diesem – wie schön, wenn eine solche Weisheit mit dem Gehalt eines ganzen Buches auf meine Seele träufelt und sogleich einen Gedanken- und Schreibfluss auslöst.

Das ist die Botschaft an DICH, liebe Autoren-Kollegin, lieber -Kollege: Gönne Dir Weisheiten großer Geister – wie Du sie auch in diesem Büchlein an jeder Entwicklungsecke findest. Lass' Dich in Deinem Schreiben davon im Herz erwärmen und im Verstand erhellen … *mg*

V – Deutliches Größenwachstum: Zwicken und Hemmnisse

„Hindernisse machen uns groß."
André Chenier

Ab nun geht es darum, dass der kleine Körper wächst und Fett einlagert. Schließlich muss er mit seinen zehn Zentimetern und ungefähr 100 Gramm bis zur Geburt noch einiges zulegen. Die Leibesfülle wächst stetig und der Schwangerschaftsbauch wird immer runder. Die Bewegungsfähigkeit, Sinneswahrnehmungen, die Reflexe und inneren Organe entwickeln sich immer mehr. Die Bewegungen des Kindes werden spürbar. Das Baby macht sich durch Tritte deutlich bemerkbar. Auch das Kleine kann durch die Bauchdecke Berührungen wahrnehmen und bei Aufregung beruhigt werden. Das Baby ist auf der Ultraschallaufnahme bereits klar erkennbar – und damit auch das Geschlecht des Kindes. „Übungswehen" können auftreten.

Das Manuskript wird immer dicker und der Inhalt detailreicher. Das Buchbaby bekommt bereits eine Identität und will mit guten Worten genährt werden. – Aber es treten nun auch gröbere Bedenken auf; Zwicken und Hemmnisse werden spürbar und behindern den Schreibfluss. Sollten noch Ängste und (Selbst-)Zweifel im Weg stehen, ist jetzt ein guter Zeitpunkt, sich damit – zum Beispiel in Aufstellungen – zu befassen und sie zu transformieren.

Barrieren abbauen – Ängste und Zweifel lösen

Manche Selbstverhinderungsmechanismen sind hartnäckig und schlummern im Unbewussten. Um sie sichtbar zu machen und zum Beispiel die Ängste und Zweifel, die uns blockieren, aufzulösen, habe ich eine Methode entwickelt, die ich „Herzensmatrix-Aufstellung" nenne. – Basis dafür ist die Herzensmatrix-Methode. Sie hat sich aus meinen Ausbildungen zur Bewusstseinstrainerin als Essenz herauskristallisiert. Dabei geht es um das widerstandslose Fühlen mit der Kraft des Herzens.

Alle Themen, bei denen noch ein Widerstand vorhanden ist – eine negative Bewertung, eine Angst, etwas zu erleben und es ganz zu fühlen – und die wir möglichst schnell weghaben wollen, bleiben uns leider erhalten. Denn alles, was wir aus tiefstem Herzen wollen und alles, was wir auf keinen Fall möchten, bekommt viel Energie und – verwirklicht sich. („Wunsch UND Widerstand erschaffen", heißt es in der Bewusstseinsarbeit.) „Energie folgt der Aufmerksamkeit", wussten schon die *Huna-Schaman(inn)en*. Das, worum die

Gedanken und Gefühle häufig kreisen, dem geben wir viel Energie (= Schöpferkraft). Wir ziehen es in unser Leben, beabsichtigt oder unbeabsichtigt, bewusst oder unbewusst.

Alles ist Energie und kann sich im Hier und Jetzt durch unser fühlendes Wahrnehmen transformieren. Das ist die gute Nachricht. Was uns begegnet, haben wir selbst in unser Leben gezogen, um daran zu wachsen, zu lernen, um diese Erfahrung zu machen – aus welchen Gründen auch immer.

Alles, was wir auf diese Weise bewusst als unsere eigene Schöpfung anerkennen, können wir auch wieder auflösen. Nur wo wir uns als Opfer (der Umstände, eines Menschen etc.) sehen, erleben wir uns hilflos. Wir verlassen also den Weg des Opfers und werden uns unseres Schöpferwesen-Seins (wieder) bewusst. Ohne uns dafür selbst zu bestrafen, dass wir bisher (unwissend) etwas erschaffen haben, das uns blockiert hat oder nicht hilfreich, sondern schmerzhaft und unangenehm war. So kann sich alles transformieren: Es braucht das eigene „JA" zu dem was ist – ein Fühlen ohne Widerstand.

Als Vorbereitung auf die Herzensmatrix-Methode und -Aufstellung leite ich gerne eine Dankbarkeits-Meditation an. Dankbarkeit öffnet das Herz und unterstützt uns, in eine Schwingung, einen Bewusstseinszustand zu kommen, der es uns leichter macht, zu erschaffen bzw. aufzulösen, was uns nicht dient und uns blockiert. *sk*

Dankbarkeits-Meditation (Vorbereitung zur Herzensmatrix-Methode)

(Meditationsmusik) – Die Augen kannst Du schließen oder mit der Zeit einfach zufallen lassen. – Du fühlst Deinen Körper auf der Unterlage, fühlst Deine Füße auf dem Boden und wie der Atem ein- und ausströmt. Mit jedem Ausatmen gibst Du verbrauchte Energie ab, mit jedem Einatmen nimmst Du frische, unverbrauchte Energie auf. So sinkst Du mit jedem Ausatmen tiefer und tiefer in die Entspannung.

Du wanderst mit Deiner Aufmerksamkeit jetzt oder gleich in Deinen Herzensraum, Dein innerstes Zentrum, wo all Deine Weisheit wohnt und die Antworten auf alle Deine Fragen zu finden sind.

Dort fragst du deine innere Stimme: *„Wofür bin ich dankbar in meinem Leben?"* (Für welche Talente, Eigenschaften, Fähigkeiten; Menschen, Ereignisse, Plätze etc.) ... Du gibst Dir jetzt die Zeit und den Raum, die Antworten wahrzunehmen – auf Deine eigene Weise ...

Wenn Du Antworten in Form von Botschaften oder Bildern bekommen hast und die Dankbarkeit fühlen kannst, verabschiedest Du Dich in dem Bewusstsein, dass Du immer wieder an diesen Platz, in Deinen Herzensraum, zurückgelangen kannst – und kommst in Deinem Tempo wieder ganz im Hier und Jetzt an. Du reckst und streckst Dich, bewegst Deinen Körper, nimmst ein paar tiefe Atemzüge und öffnest allmählich wieder die Augen.

Herzensmatrix-Methode (zur Integration bzw. Transformation)

Finde eine Körperempfindung (z. B. Schmerz, Symptom), eine Emotion, ein Gefühl (z. B. in Verbindung mit einem Glaubenssatz).

1) Spüre dieses Gefühl, diese Empfindung etc., ohne etwas verändern, bekämpfen oder weghaben zu wollen. Sag „Ja" zu dem, was ist und fühle es (falls ein Widerstand vorhanden ist, fühle zuerst diesen Widerstand und wende auf ihn die drei Schritte dieser Methode an).

2) Geh mit deiner Aufmerksamkeit in Deinen Herzensraum – schenke Deinem Gefühl, der Empfindung liebevolle Aufmerksamkeit – durch Dein bewusstes Fühlen und Annehmen transformiert sich alles – dabei entsteht oder erzeugst Du in Deinem Herzen ein Gefühl von

Dankbarkeit (im Sinne von: „Danke, dass sich das alles jetzt transformiert!").

3) Fühlend löst sich allmählich alles, was Du als belastend empfindest – und Du erlaubst bewusst, dass es geht, einfach indem du aufhörst, es festzuhalten.

(Erstmals erschienen in dem Buch: Knoll, Mätzener, Ziegelwanger, Vom Arbeiten und Leben, Drei Hochsensitive erzählen, BoD 2016)

Herzensmatrix-Aufstellung: Ich und mein Buchprojekt

Es ist hilfreich, diese Aufstellung angeleitet in einer Gruppe oder in Einzelarbeit zu machen. Wenn du schon sehr erfahren im Hinblick auf Aufstellungen bist und Integrationsmethoden wie die Herzensmatrix-Methode beherrschst, kannst Du sie auch mit einem Parner/einer Partnerin ausprobieren.

1) Du suchst Dir deinen Platz im Raum und markierst oder merkst ihn Dir.
2) Du nimmst Deinen Partner/Deine Partnerin bei den Schultern, sagst *„Du bist mein Buchprojekt"* und führst ihn/sie intuitiv an

den Platz, an dem Dein Buchprojekt (im Verhältnis zu Dir) steht.
3) Du kehrst zurück an Deinen Platz und Ihr spürt beide, wie es Euch geht, ob Ihr eine Verbindung wahrnehmt, welche Gefühle, Emotionen oder Körperwahrnehmungen da sind.
4) Ihr tauscht Euch kurz aus über Eure Wahrnehmungen – bitte NICHT diskutieren und analysieren – und Du fühlst mit der Herzensmatrix-Methode das Gefühl, die Emotion, die Körperwahrnehmung, die gerade vorhanden ist (oder Dein Buchprojekt wahrgenommen hat) und löst es bzw. sie auf.
5) Wenn dabei im Buchprojekt ein Bewegungsimpuls entsteht, darf es diesem folgen und seine Position verändern.
6) Sollte nach dem Transformieren auch in Dir ein Bewegungsimpuls vorhanden sein, darfst Du diesem ebenfalls folgen.
7) Danach tauscht Ihr Euch wieder über die Wahrnehmung an diesem Platz aus und Du löst fühlend das nächste Gefühl etc. auf.
8) Die Aufstellung ist erst beendet, wenn nichts mehr zwischen Dir und Deinem Buchprojekt steht, keine Barriere mehr spürbar ist und Ihr in einem harmonischen Schlussbild miteinander steht.

Die Übung ist sehr kraftvoll und kann viel Unbewusstes ans Tageslicht holen. Führe sie bitte nur selbstständig durch, wenn Du Dich wirklich sicher bei der Anwendung der Methode fühlst. *sk*

Wenn alles zu viel wird

Bei aller Freude am Kreativsein und Schreiben kann es vorkommen, dass uns die Lust mal abhanden kommt, weil gerade alles zu viel wird. Der Abgabetermin rückt näher (oder die selbst gesetzte Frist, um z. B. rechtzeitig vor Weihnachten das Buch zu präsentieren), die technischen Dinge nerven (wie lege ich den Buchblock an, was muss ich beim Hochladen auf einer Buchplattform technisch beachten etc.) und zu allem Überfluss kritisieren auch noch die Liebsten das Werk oder den großen Arbeitseinsatz und fühlen sich vernachlässigt.

Der Rücken schmerzt vom vielen Sitzen am Computer, der Kopf raucht und die Nerven liegen blank. Wer jetzt ein falsches Wort sagt, kommt in den Genuss eines Ausbruchs, der in seiner Heftigkeit den Anlass übersteigen kann. Vor allem HSP (Hochsensitive/Hochsensible Personen) kennen dieses Phänomen gut, wenn sie reizüberflutet sind.

Was tun, wenn nichts mehr geht? – Abschalten! Und zwar wörtlich – den Computer, das Hirn und auch alles andere. In diesem Zustand bringen wir ohnehin nichts wirklich Sinnvolles zustande. In die Natur gehen, Bäume umarmen, am Wasser sitzen, die Sonne auf die Haut scheinen lassen, einen Tag lang in die Therme fahren, ein heißes Bad nehmen, lange schlafen, entspannen, meditieren, alleine Stille tanken … das sind meine Spitzenreiter, die helfen, wenn gar nichts mehr geht.

Und dann wieder weitermachen, aufgetankt, mit Spaß und Freude, entspannt und trotzdem konsequent – denn bei aller Kreativität gibt es auch pragmatische Aufgaben, die unser Dranbleiben erfordern. Sonst würden keine Bücher erscheinen. Und eine Weisheit aus den Journalist(inn)enkreisen bringt es auf den Punkt: Wenn es nicht die letzte Sekunde gäbe, würde nie etwas fertig. *sk*

*„Liebe ist die einzige Sklaverei,
die als Vergnügen empfunden wird."
George Bernard Shaw*

Das BUCH bist DU!

Die Tage, Wochen vergehen … Wie kommst Du voran mit Deinem Werk?
„Ich bin verwirrt", „Da ist Chaos", „Ich war schon sehr weit, habe aber alles wieder verworfen", „Ja, es geht doch Schritt für Schritt voran", „Ich weiß, es wird gelingen", „Da ist große Zuversicht" …

Kennst Du die eine oder andere Antwort?
Vielleicht bist Du bereits in dem „erkenntnishilfreichen Stadium", die Parallele wahrzunehmen: DAS BUCH BIN ICH. Dieser ganze Buchprozess – des Auf und Ab, des Für und Wider – das alles ist nur ein Spiegel meines ganzen Seins.
Erkennst Du typische Muster Deines Lebens?
- Wie zielorientiert agierst Du?
- Wie klar bist Du in der Umsetzung?
- Wie „detailverliebt" – um nicht zu sagen: i-Tüpfel-reitend – bist Du unterwegs?
- Wie gut/schlecht arbeitest Du mit anderen – Grafiker/Illustrator/Druck/Coach – zusammen? Können sie's Dir recht machen?
- Wirst Du gar krank, wenn's drauf ankommt, „Nägel mit Köpfen" zu machen?

„Ich bin das Buch – das Buch bin ich", sinniert Ingrid und betont: „Mein Buch als Spiegelbild – wie wertvoll, wenn man diese Erkenntnis gewonnen hat. Das Buch zeigt es einem schonungslos: die Herangehensweise, ein Projekt zu verfolgen und auch zu beenden im vorgegebenen Zeitraster! Wie ernst nehme ich das alles? Spielerisch oder dramatisch? Wie gehe ich mit meinen Gruppenmitgliedern um? Wie mit meinen Hebammen? Gehe ich über meine Grenzen (z. B. meiner Kapazität)? Erreiche ich die Grenzen meiner Hebammen (wo es nicht – mehr – in ihrer Verantwortung/ihrem Ermessen liegt, ob's gelingt oder nicht)? Das kleine Kind in mir: Meldet es sich auch zu Wort? DAS war meine Erfahrung – denn, es hat sich gemeldet!"

Vielleicht hilft auch Dir der Gedanke: Dieses Buch ist DEIN SPIEGEL. Und wir brauchen die Spiegel nicht zu zertrümmern, wenn uns nicht gefällt, was wir zu sehen bekommen.
Du bist eingeladen, an Deinen Verhaltens- und Handlungsmustern zu arbeiten – und schon wird's auch mit Deinem Buch wieder wonniglich fließen, davon sind wir als „Hebammen" überzeugt … *mg*

> *„Originaliter zu seyn,*
> *das ist erst wirklich sein!"*
> Katharina Goethe

Bleib' bei Dir – und Deinem Buch

Es ist faszinierend, wie viel „man tun muss", ehe die „Erlaubnis" kommt: Jetzt kann ich – wieder – mit dem Buchschreiben beginnen …
- Diesen Ratgeber muss ich noch lesen …
- Da gibt's diesen und jenen Tipp; ich sollte noch dort recherchieren …
- Welche anderen Bücher zu meinem Thema kenne ich noch nicht?!
- Der X, die Z hat gemeint, sich sollte …

Bitte bleib' bei Dir – und DEINEM BUCH.
Gib Dir selbst die Erlaubnis, alles niederzuschreiben, fließen zu lassen, was aus Dir „sprudelt".
Was immer andere schon zu Deinem Herzens-Thema gesagt, gedacht, angemerkt haben, es ist DEREN Sicht der Dinge. Und Du willst DEINE spannende Perspektive mit-teilen.

Schreib' Dir alles von der Seele. Ohne große Rücksicht auf Formatierung, auf Tipp- und Rechtschreibfehler. Korrekturen dürfen (und müssen) später erfolgen.

Erst wenn Du ins Stocken gerätst, dann sind Impulse und Inspirationen von außen willkommen. Wenn sie solche sind. Hemmnisse haben wir keine nötig. – Dein zartes Buch-Pflänzchen braucht jetzt Obsorge, wertschätzende Zuwendung, „nährstoffreichen Dünger" – von Dir als liebevoller Mutter – durch Dich als achtsamen Vater. *mg*

„Das Buch ist die Axt
für das gefrorene Meer in uns."
Franz Kafka

VI – Lungenreifung: Gestaltung und Lektorat

*„Es tut mir nicht gut,
wenn ich länger nicht schreibe."*
Michael Köhlmeier

Im sechsten Monat hat das Baby ordentlich zugelegt. Es wiegt nun ungefähr 350 Gramm und ist etwa 26 Zentimeter groß. Das Gehirn ist jetzt verstärkt mit Wachsen dran. Das Skelett festigt sich zusehends, die Lungenreifung setzt ein. Die Sinneswahrnehmungen werden besser und erste Erinnerungen abgespeichert. Der Bedarf an Mineralstoffen wächst. Die körperlichen Belastungen steigen, Ruhepausen sind wichtig. Die Entscheidung über die Geburtsklinik (Hausgeburt?) fällt.

Das Buchbaby entwickelt sich prächtig und will gehaltvoll genährt werden. Der Prozess des Entstehens kann manchmal anstrengen. Es ist wichtig, auch innezuhalten, Pausen zu machen, sich neu zu motivieren, zu belohnen und Zwischenbilanz zu ziehen. Die Bildrecherche beginnt, die Suche nach Illustrationen, die den Inhalt bildhaft unterstreichen und beschreiben.
Überlegungen, wie das Buch gestaltet werden soll, ob es von Expert(inn)en korrigiert, lektoriert werden und wo es veröffentlicht werden soll, verlangen nach Aufmerksamkeit. – Ebenso das

Urheberrecht. (Online-)Wörterbücher werden zu guten Freunden für alle, die sich nicht sattelfest in der neuen deutschen Rechtschreibung fühlen.

„Alles gackert, aber wer will noch still auf dem Neste sitzen und Eier brüten?"
Friedrich Nietzsche

Dranbleiben! Zeit nehmen!

Es muss gesagt werde: Buch-Schreiben ist nicht nur Spaß – und ein „bisschen" mit Wörtern jonglieren … Ja, es ist Arbeit. Es gilt, ab dem Moment der „Befruchtung" wirklich dranzubleiben, sich Zeit zu nehmen. Konkret heißt das, dass ich nun, um 22.45 Uhr, noch in die Tasten klopfe. Ich hab's mir vorgenommen; und ich halte mein Wort. „Selbst-Verpflichtung" heißt das. Und ich empfehle Dir, einen Arbeits-Plan zu erstellen: Eine Stunde täglich – im Minimum – Energie in Dein Buch-Projekt zu investieren, wird über eine gewisse Zeitstrecke unabdingbar notwendig sein. Unter 100 bereitgestellten Stunden wird Dein Buch wohl nicht zur Welt kommen können. Der große Peter Handke meint: „Das Wichtigste für einen Schriftsteller und gleichsam elftes Gebot ist: Du sollst Zeit haben!"
Doch jede Reise beginnt mit einem ersten Schritt; und einer reiht sich an den nächsten. Also zerlege

Deine Schreib-Arbeit in für Dich „machbare Portionen". Die ideale Dosis liegt zwischen Über- und Unterforderung. *mg*

Pausen & Belohnungen

Buchschreiben hat aber nichts mit einer „Sklaventätigkeit" auf der Galeere zu tun; sich selbst zu geißeln, zu knechten und von jeder Abwechslung/Unterhaltung fernzuhalten, bringt nichts.
Inspiration braucht den Duft der Freiheit. Die Freude muss überwiegen. Und so muss der „Deal mit sich selbst" wohl dermaßen gestaltet werden, dass Anspannung und Entspannung in einem guten Rhythmus zueinander pendeln.
Nach fünf Tagen jeweils „bravem, vielstündigem Buchschreiben" an diesem Werk – und selbst meine Koautorin hat sich mir als „Peitschenschwingendem" schon vorwurfsvoll entzogen – gönnen wir uns von Puerto de Tazacorte aus mit dem Katamaran des hier sesshaft gewordenen, sympathischen Bayern Walter eine feine Ausfahrt zu den Delfinen (die uns tatsächlich dutzendfach „belohnen") … Ja, das darf und soll so sein.

Übrigens können wir Dir versichern: Auch in den Schreibpausen passiert viel; „es" arbeitet und reift weiter … *mg*

Nährstoff für's Buchbaby:
Die 12 „goldenen" Lieblings-Worte

Das wertvollste Gut der Autorin, des Autors, ist das Wort. – Und das Buchbaby, das an Seiten und inhaltlichem Gewicht zulegen möchte, braucht viele nahrhafte, behutsam dosierte Worte.
Spannende, herausfordernde, aber empfehlenswerte Frage: Welche Worte sind Deine WORTE?

Es gibt ein charmantes Kinderbuch: „Die große Wörterfabrik" von Agnès de Lestrade. – Über ein Land, wo man Wörter kaufen und schlucken muss, bevor man sie aussprechen kann ...
Schöner Gedanke: Für welche Wörter würdest DU (gerne?!) Geld ausgeben, damit sie in Deinen Wortschatz überwechseln?

Meine Worte sind (und ich lege jetzt gedanklich für jedes einzelne 1 € vor mich, um nachher bei einer köstlichen Tortilla samt Cerveza meine Wortfamilie hochleben zu lassen):

1) Eros
2) Freiheit
3) Schönheit
4) Schreiben
5) Sonne
6) Rückzug
7) Nährendes

8) Essenz – (ICH-)Marke
9) Selbstbestimmung
10) Meer/Seen
11) Nackte Wahrhaftigkeit
12) Nichts

Das ist also meine Wort-Kern-Familie, (m)ein besonderer Wort-Schatz. *mg*

Und mit welchen 12 Wörtern lebst Du zusammen?
Lüfte doch mal Deine Wortschatzkiste!
Welche Wörter kommen zum Vorschein? Welche sind's wert, achtsam in die Hände genommen und aufpoliert zu werden, vielleicht sogar gezeichnet, gemalt – in behutsamer Kalligraphie?
Mit dieser Übung (entnommen aus „Wort-SCHATZ, geliebter" von Manfred Greisinger) machst Du aus Wörtern DEINE GOLDENEN WORTE – die wohl auch in Deinem Buch mehr oder weniger prominent vorkommen werden.

12 goldene Worte:
Herz
Liebe
Seele
Freude
Licht
Bewusstsein
(Wahres) Selbst

Schreiben
Katze
Delfin
Wal
Göttliches.
sk

> *„Geistreich sein heißt,*
> *sich leicht verständlich machen."*
> *Jean Anouilh*

Achtung auf Urheberrechte!

Klingt ja durchaus nachvollziehbar: Allein der Urheber darf über das von ihm geschaffene „Sprachwerk", wie es juristisch heißt, verfügen. Das schützt Dich als Autorin bzw. Autor ebenso wie jene, deren Werke Du vielleicht auszugsweise in Deines übernehmen willst.

Das Urheberrecht entsteht schon mit dem Erschaffen des Werks, nicht erst durch eine Registrierungspflicht wie etwa beim Markenschutz – den man am Patentamt geltend machen muss. Auch kein speziell vermerktes „Copyright" ist Voraussetzung.

Die einfache Regel lautet: Ohne Zustimmung des Urhebers dürfen Sprachwerke in keiner Weise genutzt werden – es sei denn, dieser ist bereits 70 Jahre verstorben. Punkt. Und nur der Urheber

selbst gibt Rechte ab – etwa an den Vertrieb, an den Verlag, Übersetzung, Lizenzen usw.
Wenn Du eine Passage in Dein Buch übernehmen willst, so wende Dich an den/die Urheber/-in bzw. an den Verlag und ersuche – mit Erläuterung Deines Themas und des Zusammenhangs der gewünschten Veröffentlichung – um Freigabe des Textauszugs bzw. um Mitteilung der Konditionen. Sonst kannst Du eine Klage auf Unterlassung und Schadenersatz einfahren …

Zitate, Redewendungen, überlieferte Worte von berühmten Menschen etc. dienen oft zur Untermauerung oder werden einem Kapitel manchmal zur Einstimmung vorangestellt. Auch dabei sind die Copyright-Regeln zu beachten!
Bei wörtlicher Übernahme von Textpassagen anderer Autor(inn)en, Aussprüchen anderer Menschen etc. muss es Quellenangaben geben!

Die Medienrechtler sprechen vom sogenannten „**kleinen Zitat**" als Sonderform des Urheberrechts und machen deutlich, dass einzelne Stellen eines bereits veröffentlichten Sprachwerks zitiert werden dürfen, wenn das Zitat als solches erkennbar ist. Die Quelle – das Werk sowie der Autor – müssen natürlich angegeben werden. Und die Rechtskundigen betonen, es dürfe tatsächlich nur ein „kleines Zitat" sein; ein Satz; wenige Zeilen. Und dieses darf nur im Zusammenhang mit Deinem

Buchthema verwendet werden, keinesfalls als Werbeslogan o. ä.

Es kommt also auf die Länge des Originaltextes und der Zitate an, wie häufig aus ein und demselben Werk zitiert wird. Will man ganz sicher gehen, sollte man die Abdruckgenehmigung schriftlich von den Verlagen einholen; es können dadurch Kosten entstehen, die Verlage wollen verständlicherweise die Zitate wissen und in welchem Verlag das Buch erscheinen wird. Die Verantwortung trägt der Autor/die Autorin, auch wenn das Werk in einem Verlag erscheint (die meisten Verlage sichern sich in den Verträgen ab).

Mindestens ebenso penibel solltest Du mit **Foto-Rechten** umgehen. Und einiges ist zu bedenken:

Wenn Du selbst Fotos gemacht hast, die Du veröffentlichen willst: Sind die abgebildeten Personen damit einverstanden?! Bei Minderjährigen ist die Zustimmung der Eltern einzuholen. Vorsicht bei „im Internet umherschwirrenden Bildern", von denen Du meinst, jene seien „frei". Du könntest böse Überraschungen erleben …
Die **Abbildungserlaubnis** muss jedenfalls eingeholt werden (also nachfragen, ob der Abdruck frei ist bei Namensnennung oder ein Fotohonorar bezahlt werden muss und für welche Veröffentlichungen dieses Honorar gilt – das Buch, auch Werbematerial, Website etc.?).

Lieber mit Profi-Fotograf(inn)en zusammenarbeiten, deren Bilder gegen Honorar „für alle Nutzungen pauschal abgegolten" werden. Achtung auch hier: Fotograf(inn)en legen aus verständlichen Gründen wert darauf, dass ihre Namen bei Veröffentlichung von Bildern genannt werden.

(Wichtiger!) Exkurs: Die neue deutsche Rechtschreibung

Nach der Reform der deutschen Rechtschreibung 1996 wurden 2004 und 2006 Nach-Anpassungen vorgenommen – die derzeitige Version ist sozusagen die Reform der Reform der Reform. Einige Änderungen wurden zurückgenommen. Die gute Nachricht: Es gibt mehr Wahlmöglichkeiten als in der Ursprungsversion, der Duden empfiehlt meist eine Version, es gibt aber auch alternative Schreibmöglichkeiten, z. B. der Delfin oder der Delphin.

Die 18 wichtigsten Regeln

1) Die s-Regel

ss oder ß: „ß" schreibt man nur noch nach einem langen Vokal oder Diphthong (= Zwielaut), z. B. draußen, Maß, reißen, schließen …

Nach einem kurzen Vokal wird immer „ss" geschrieben: dass, gerissen, küsst, messen, Riss, Schloss ...

2) Die Dreifach-Buchstaben

Bei zusammengesetzten Wörtern fällt der Dritte im Bunde nicht mehr weg – sprich: Es gibt nicht nur eine Verdoppelung, sondern auch eine Verdreifachung von Buchstaben, z. B. Kaffeeernte, Schifffahrt, schnelllebig, Zooorganisation ...

3) Die sogenannte Stammschreibung (nach dem Wortstamm):

Bändel, Gräuel, schnäuzen, Stängel, Stuckateur, nummerieren, Tipp, Ass, Platzie-rung ... Dazu kommt die Parallelschreibung – das bedeutet, neben Emu und blau werden jetzt auch Känguru und rau ohne stummes h am Ende geschrieben.

4) Zwei Möglichkeiten bei Fremdwörtern

Du hast die Wahl, wie Du bestimmte Fremdwörter schreibst. Zum Beispiel Wörter mit „graph, phon, phot": Geografie/Geographie, Mikrofon/Mikrophon, Fotosynthese/Photosynthese; Wörter mit „th": Panther/Panter, Thunfisch/Tunfisch sowie Wörter, die mit „z" am Ende des Stammworts gesprochen werden: Differential/Differenzial,

substantiell/substanziell.
Diese Variantenschreibung gilt auch z. B. bei: Delfin/Delphin, Jogurt/Joghurt, Majonäse/Mayonnaise, Portmonee/Portemonnaie, Spagetti/Spaghetti, Varietee/Varieté etc.

5) Getrennt- und Zusammenschreibung

Zwei Verben dürfen immer getrennt geschrieben werden: lesen üben, lieben lernen, spazieren gehen ... In Verbindung mit bleiben oder lassen ist auch eine Zusammenschreibung möglich: sitzen bleiben/sitzenbleiben, liegen lassen/liegenlassen; außerdem: kennen lernen/kennenlernen.
Die Verbindung mit einem Hauptwort wird nur zusammengeschrieben: das Spazierengehen, das Kennenlernen.
Verbindungen mit „sein" werden getrennt geschrieben: dabei sein, fertig sein, zusammen sein. Zusammenschreibung gilt nur bei zusammengesetzten Hauptwörtern. Zum Beispiel: das Zusammensein.
Substantiv + Verb werden getrennt geschrieben: Angst haben, Rad fahren, Schlange stehen ... Bei sogenannten „verblassten" Substantiven gilt jedoch die Zusammenschreibung: eislaufen, preisgeben, stattfinden, teilnehmen ...

Adjektiv + Verb schreibt man meist getrennt: gut sehen, klar denken, langsam laufen ...

Getrennt- und Zusammenschreibung ist jedoch möglich, wenn das Adjektiv einen Vorgang beschreibt: blau färben/blaufärben, gar kochen/garkochen. Verbindungen, die nur im übertragenen Sinne gemeint sind, werden zusammengeschrieben: krankfeiern, schwarzärgern, schwerfallen.

In diesen Fällen ist sowohl die Getrennt- als auch die Zusammenschreibung erlaubt: eine allein erziehende/alleinerziehende Mutter, die allgemein bildende/allgemeinbildende Schule, ein Grauen erregender/grauenerregender Film, ein Rat suchender/ratsuchender Lehrer, ein selbst gebackener/selbstgebackener Kuchen ...

Zwingend ist die Zusammenschreibung in folgenden Fällen zum Beispiel: allseits, ebenso, infolgedessen, irgendetwas, irgendjemand, nichtsdestoweniger, umso (= desto), unterdessen, zurzeit (= derzeit) ...

6) Schreibung mit Bindestrich

Bindestriche müssen gesetzt werden:

- in Verbindungen mit Abkürzungen, Einzelbuchstaben und Ziffern: Fußball-EM, Kfz-Werkstatt, Dipl.-Informatiker, A-Dur, i-Punkt, x-beliebig, 3-fach, 20-jährig, 8-mal, 1:2-Niederlage ...

- in Zusammensetzungen und Eigennamen wie Ad-hoc-Entscheidung, D-Zug-Wagen, Erste-Hilfe-Kurs, Pro-und-Kontra-Diskussion, UV-Strahlen-gefährdet, 40-Stunden-Woche, 2-Zimmer-Wohnung, Friedrich-Nietzsche-Straße, Niklas-Luhmann-Gymnasium …

- bei der Hervorhebung von Bestandteilen eines Wortes wie Bett-Tuch, Kaffee-Ersatz, Ich-Erzählung …

- in hauptwörtlich gebrauchten Zusammensetzungen wie das Entweder-oder, das Als-ob, das Unter-den-Teppich-Fegen, das Von-der-Hand-in-den-Mund-Leben …

Bindestriche werden nicht gesetzt,

wenn Nachsilben mit mehr als einem Buchstaben angehängt werden: 100%ig, 12tel, ein ÖGBler …

Eine Wahlmöglichkeit besteht bei Verbindungen wie 1980er Jahre/1980er-Jahre.

7) Groß- und Kleinschreibung

Großschreibung gilt für

- Substantivierungen, vor allem nach Artikeln und Präpositionen (Verhältniswörtern, Vorwörtern): im

Allgemeinen, der Einzelne, als Zweiter, das Gleiche, des Weiteren, zum Ersten …
- ungebeugte Hauptwörter nach Präpositionen: auf Deutsch, in Schwarz, für Groß und Klein …
- Paarformeln: Jung und Alt, Arm und Reich …
- Tageszeiten nach „gestern", „heute", „morgen": gestern Abend, heute Früh, morgen Mittag …
- Adjektive als Bestandteil von Eigennamen: die Dritte Welt, der Zweite Weltkrieg, der Heilige Abend …

Sowohl Groß- als auch Kleinschreibung sind möglich für

- die Anrede in Briefen: du, ihr, dein, euer bzw. Du, Ihr, Dein, Euer …
- stehende Begriffe aus Adjektiv und Substantiv: der blaue/Blaue Brief, das schwarze/Schwarze Brett, die erste/Erste Hilfe …
- Eigennamen mit „-(i)sch": die grimmschen/ Grimm'schen Märchen, die eulersche/Euler'sche Zahl …
- Adjektive nach Präpositionen (ohne Artikel): seit kurzem/Kurzem, seit langem/Langem, ohne weiteres/Weiteres …
- Zahlwörter wie hunderte/Hunderte Demonstranten, tausende/Tausende Studierende, zigtausende/Zigtausende Zuschauer …

Ausschließlich Kleinschreibung gilt für

- Verbindungen aus Adjektiv und Substantiv, die keine Eigennamen sind: der neue Tag, das bunte Treiben, das autogene Training …
- Pronomen, die stellvertretend für Hauptwörter benutzt werden: Das ist leider alles verkehrt. Die beiden werden morgen heiraten. Wir haben uns dieses und jenes angeschaut. So mancher kommt mit den Neuerungen nicht zurecht.
- Sogenannte Kardinalzahlen (unter einer Million): Kommst du morgen um drei? Du bist meine Nummer eins. Mit fünfzig geht's erst richtig los. Ihr vier solltet jetzt gehen. Wir zwei gehören zusammen …

8) Beistrichregeln

*Ein Beistrich **kann** zur besseren Lesbarkeit gesetzt werden*

- in Satzreihen vor „und" bzw. „oder": Er studiert noch(,) und sie ist arbeitslos. Bist du taub(,) oder hast du mich nicht gehört?
- bei Infinitiv- und Partizipgruppen: Ich hoffe(,) dir eine Freude zu bereiten. Zu Hause angekommen(,) legte er sich hin.

*Ein Beistrich **muss** gesetzt werden*

- bei sogenannten Infinitiv- und Partizipgruppen mit Hinweiswörtern: Ein Auto zu kaufen, das ist schwer. Ich liebe es, Sport zu treiben.
- bei der Abhängigkeit von einem Hauptwort: Er hat den Wunsch, Arzt zu werden.
- beim Infinitiv mit zu, eingeleitet von: als, anstatt, außer, ohne, statt, um (z. B.: Er kommt, um auszusagen.)
- Bei wörtlichen Zitaten wird ein Komma vor dem Kommentarsatz und nach „?" und „!", gesetzt: „Hilf mir doch!", bat er sie. „Liebst du mich noch?", fragte sie ihn.

9) Wortabteilung – *nach Sprechsilben:*

Zwischen „st", aber vor „ck" (analog zu „ch") wird getrennt: Fens-ter, Bä-cker, la-chen.
Mögliche Trennungen nach Sprechsilben sind außerdem hi-naus (neben: hin-aus), Pä-da-go-gik (neben: Päd-a-go-gik), wa-rum (neben: war-um).

10) Häufige Fehler

Leerzeichen vor Satzzeichen
Z. B. vor Komma, Punkt, Rufzeichen, Fragezeichen. Beispiel: Das ist falsch !

Gedankenstrich
Oft wird ein Bindestrich - verwendet, wo ein Gedankenstrich gemeint ist – und umgekehrt. Der Gedankenstrich ist länger als der Bindestrich!

Groß- und Kleinschreibung nach einem Doppelpunkt
Folgt nach dem Doppelpunkt ein ganzer Satz (mit Subjekt und Verb) oder ein Satz als direkte Rede, wird der Satzbeginn großgeschrieben. Ein Beispiel für Kleinschreibung nach dem Doppelpunkt: bei einem unvollständigen Satz.

11) Vom Duden empfohlene Schreibweise

Es gibt Begriffe, die auf zwei Arten geschrieben werden können. In diesen Fällen empfiehlt der Duden eine Schreibweise, gibt die zweite aber als ebenfalls zulässig an: recht haben – Recht haben, sogenannt – so genannt, aufgrund – auf Grund, Albtraum – Alptraum, mithilfe – mit Hilfe etc.

12) Abkürzungen

Häufig falsch sieht man:
z.b. – die richtige Schreibweise: z. B. (Abkürzung für zum Beispiel – deshalb trennt auch ein Leerzeichen z. und B.); u.s.w. – richtig: usw. (und so weiter); aber: u. v. a. m. (und vieles andere mehr); u.a. – richtig: u. a. (unter anderem)

13) Komma bei Adjektiven

Bei der Aufzählung von mindestens zwei Eigenschaftswörtern (Adjektiven) gilt:
Gleichrangige Adjektive werden mit einem Beistrich getrennt: „Die hellen, jagenden Wolken ..."
Beide Eigenschaftswörter beziehen sich auf Wolken. Gedanklich könnte man ein „und" setzen: Die hellen und jagenden Wolken ...
Nicht gleichrangige Adjektive werden ohne Komma geschrieben: „Die hellen jagenden Wolken ... Das Adjektiv „hell" bestimmt „jagend" näher. (Wenn es auch dunkle jagende Wolken gibt.)

14) Schrägstrich

Vor und nach einem Schrägstrich wird **kein** Leerzeichen gesetzt!
Falsch: der Arzt / die Ärztin, Krems / Donau;
richtig: der Arzt/die Ärztin, Krems/Donau.

15) Häufig falsch zu sehen: die Auslassungspunkte

Vor Auslassungspunkten steht immer ein Leerzeichen, z. B. am Ende des Satzes bei Aufzählungen. Beispiel: Er kaufte Tee, Kaffee, Milch, Zucker ...

Hier wird kein Beistrich am Ende der Aufzählung mehr gesetzt! Das gilt auch, wenn die drei Punkte durch usw. oder etc. ersetzt werden! Beispiel: Er kaufte Tee, Kaffee, Milch, Zucker etc.

Ohne Leerzeichen sind Auslassungspunkte nur korrekt, wenn ein Teil des Wortes weggelassen wird, z. B. Schei..!

Leerzeichen braucht es auch, wenn die Auslassungspunkte am Anfang oder in der Mitte eines Satzes stehen.

16) Apostroph

Hier **muss** ein Apostroph hin:

1) Genitivendungen auf s, ss, ß, x
Alex' Auto ist bunt. Hans' Mutter kann gut schreiben.

2) Umgangssprachliche Abkürzungen
In D'dorf haben wir 'nen ganz lust'gen Kerl getroffen.

Hier **darf** ein Apostroph hin:

1) Verben der 1. Person Singular
Ich hab(') eine Schwester. Ich seh(') nicht so gut.

2) Genitivendungen bei Aushängeschildern
Tim's Currybude
(aus dem Englischen, im Deutschen streng genommen falsch)

3) Umgangssprachliche Verschmelzungen und Auslassungen
Er ist hinter(')m Haus. Wollen wir (')reingehen?

Hier **darf** der Apostroph **weggelassen** werden:

Übliche umgangssprachliche Verschmelzungen
Wie gehts? - Wie geht's?
Machs gut! - Mach's gut!

Hier wäre der Apostroph falsch:

1) Genitivendungen
Goethes Faust
Tims Essen schmeckt mir ganz und gar nicht.

2) Mehrzahlendungen
Viele Taxis fahren vorbei.
Ich besitze nur wenige CDs.

3) Wegfallende Endungen auf -e
Heut ist das Wetter schön.
Morgen wird es trüb.

4) Imperativformen

Geh nach Hause!
Brich dir nicht das Genick!
Schreib dein Buch zu Ende!

17) Weibliche Sprachformen

Die höflichste Variante der Gleichstellung ist die Doppelnennung. Besonders in der persönlichen Anrede werden häufig Doppelformen wie Leserinnen und Leser, Schülerinnen und Schüler verwendet. Die Doppelnennung im gesamten Text macht diesen aber manchmal schwerfällig und schlecht lesbar.

Zur verkürzten Darstellung empfiehlt der Duden den Schrägstrich:
Mitarbeiter/-innen (die Schreibung ohne den Auslassungsstrich ist nicht korrekt!).
Mithilfe des Schrägstrichs kann jedoch nur verkürzt geschrieben werden, wenn sich die Wörter ausschließlich in der Endung unterscheiden (also nicht bei Arzt/Ärztin).
Doppelnennungen können auch durch Klammern verkürzt werden, zum Beispiel Mitarbeiter(in), Kolleg(inn)en.

Die Verwendung des großen I im Wortinnern (Binnen-I) entspricht nicht den Rechtschreibregeln des Duden!

18) Gestaltungselemente

Zur Gliederung und Gestaltung dienen z. B.:
Titel und Zwischentitel, Absätze, Einzüge, eventuell **Spalten** (bei großen Formaten) – das genaue Layout (Punktgröße und Farbe der Titel und Zwischentitel, Aufzählungszeichen etc.) wird erst am Ende bei der grafischen Gestaltung gemacht (Ausnahme: Manche Verlage möchten, dass ihre Autor(inn)en in vorhandene Formatvorlagen schreiben, in denen die Punktgrößen für Schriften im Textteil und Gestaltungselemente wie Zwischentitel bereits vordefiniert sind).

Aufzählungen und Listen ermöglichen einen schnellen Überblick.

Merksätze oder Schlagworte am Rand bzw. im Text fassen wichtige Inhalte knapp zusammen oder ergänzen den Inhalt um kurze **Tipps oder Inspirationen.**

Kästen heben sich durch Rahmen, eine andere Schrift oder Farbe vom übrigen Text ab. Sie sind gebräuchlich für Übungen, Checklisten, nähere Erklärungen, Definitionen, Reflexionsfragen (Anregungen, über den Text nachzudenken, das eigene Leben, die eigenen Verhaltensweisen und Überzeugungen zu überprüfen) etc.

Fallbeispiele (z. B. anonymisiert oder mit geändertem Namen) verbildlichen die Theorie und machen sie leichter erfassbar.

Definitionen zur Erklärung von Fachbegriffen können im Text oder im Anhang vorhanden sein.

Zusammenfassungen bringen den Inhalt eines Kapitels am Kapitelende auf den Punkt, ermöglichen das Querlesen und das Erfassen der Essenz in Kürze.

Ausschnitte aus Interviews können Sachbücher lebendiger machen, bringen Erfahrungsberichte und Meinungen von Expert(inn)en oder interviewten Betroffenen etc. ein.

Abbildungen, z. B. Fotos, Grafiken, Zeichnungen, veranschaulichen den Text, lockern auf oder erheitern. Die Quelle (Fotograf/-in, Werk, aus dem das Bild stammt etc.) muss angegeben werden, sei es beim Bild oder in einem nummerierten Abbildungsverzeichnis (z. B. beim Impressum). Eine ausreichende Druckqualität ist notwendig (Auflösung: 300 dpi, bei Strichzeichnungen 1.200 dpi). Es gibt Internetplattformen mit kostenlosen oder günstigen professionellen Fotos für thematische Illustrationen – wie etwa www.fotolia.com oder www.pixelio.de.

Es versteht sich von selbst, dass verwendete Fotos scharf und richtig belichtet sein sollen, keine unprofessionellen Schnappschüsse.
Für den Offset-Druck werden Fotos im CMYK-Farbspektrum gebraucht (Grafiker/-innen wissen das und bearbeiten die Bilder in Grafikprogrammen dementsprechend). Für Digitaldruck und Internet ist der RGB-Farbraum (Rot, Grün, Blau) üblich, in dem Digitalkameras Bilder aufnehmen. So manche Print-on-Demand-Plattform schreibt in ihren FAQs, dass RGB-Fotos nicht selbst ins CMYK-Farbspektrum umgewandelt werden sollen. Das übernimmt die Plattform vor dem Drucken in Abstimmung mit der Druckmaschine.

Der Anhang enthält in der Regel Anmerkungen, das Abbildungsverzeichnis, Literaturverzeichnis, Adressen und Kontaktdaten, weiterführende Links zu Webseiten. Außerdem möglich sind z. B. ein Stichwortverzeichnis, Personenregister, Sachregister, Glossar (zur Erklärung von Fachbegriffen, Fremdwörtern oder Zusammenhängen). Auch Originaldokumente, statistisches Material etc. (Belege, die zum Verständnis hilfreich sind) können im Anhang enthalten sein.

Das **Literatur- bzw. Quellenverzeichnis** listet verwendete Literatur bzw. Literaturempfehlungen und Internetseiten nach folgendem Muster auf:

Bücher: Name, Vorname: Titel. Untertitel. Verlag: Erscheinungsort Erscheinungsjahr, (eventuell Auflage), Seite xx.

Periodika:
Sammelbände: Name, Vorname: Titel. In: Name, Vorname (Hrsg.): Titel, Band x. Verlag: Erscheinungsort und -jahr, Seite.

Zeitschriften: Name, Vorname: Titel. In: Name der Zeitschrift, Jahrgang. Verlag: Erscheinungsjahr, Nummer der Ausgabe, Seite.

Elektronische Quellen: Name, Vorname: Titel des Dokuments. Veröffentlichungsdatum im Internet. Internet-Adresse (URL). Abrufdatum (Stand: xxx)

*„Wenn wir in Bücher blicken,
dann tauchen wir in andere Welten ein."
Rebecca Russell*

VII – Das Gewicht wird spürbar: Format und Buchblock

„Wenn ich ein Buch schreibe, erschaffe ich mir einen eigenen Kosmos."
Ulrich Tukur

Das Baby öffnet seine Augen, da die Nervenbahnen jetzt ausreichend mit der Großhirnrinde verbunden sind. Nun kann es unterschiedliche Formen erkennen und Hell von Dunkel unterscheiden. Die Gehirnaktivitäten werden jenen eines Neugeborenen immer ähnlicher. Die Wahrnehmungsfähigkeit der Sinne ist bereits sehr ausgeprägt. Hören, Sehen und die Fähigkeit, Berührung wahrzunehmen, sind bereits ausgebildet. Das heranwachsende Ungeborene wird immer schwerer. Mit dem Ende des zweiten Schwangerschaftsdrittels hat das Baby die Ein-Kilo-Grenze überschritten und ist nun schon etwa 37 Zentimeter groß. Die beschwerliche Phase der Schwangerschaft beginnt.

Auch das Buchbaby wächst heran und die Beziehung zu ihm ist spürbar. Der Buchblock mit den genauen Seiten-Ausmaßen wird angelegt und das Manuskript fließt in das Buchformat ein. Die Zahl der Seiten wird – auch dadurch – mehr und mehr, denn eine A4-Manus-Seite wird in der Regel zu zwei Buch-Seiten. Manchmal melden sich Gedanken, die das Beschwerliche umkreisen und als

Gewicht deutlich spürbar werden. Guter Zuspruch von außen tut gut – zum Beispiel Gleichgesinnte – in der Buchgebärgruppe, die einander mit wohlwollendem Feedback unterstützen. Korrektorat und Lektorat werden nunmehr nötig – und müssen, wenn extern zu vergeben, eingeplant werden.

Das Druckfertigmachen, Korrektorat, Lektorat

In eigenen Texten sieht man sie nur bedingt, die Tippfehler. Unser Gehirn hat die Fähigkeit, fehlende Buchstaben zu ersetzen und verdrehte Buchstabenfolgen wieder zurechtzurücken. Beeindruckend, aber leider nicht hilfreich, wenn wir eigene Texte korrekturlesen möchten. Selbst geübte Lektorinnen mit Adleraugen, die jeden Beistrich zu wenig und jedes Leerzeichen zu viel sehen, scheitern an ihren eigenen Texten. Deshalb ist es hilfreich, jemand damit zu beauftragen, der der neuen deutschen Rechtschreibung mächtig ist.
Sei es die Freundin, die Germanistin ist, oder befreundete Lektoren, so sie im Bekanntenkreis sind. Auch bei Dienstleisterverlagen kann dieses Service zugekauft werden.
Während sich **Korrektorat** auf Rechtschreibung, Grammatik und Zeichensetzung beschränkt, umfasst **Lektorat** auch die Überprüfung der Verständlichkeit, des Aufbaus, einen Blick auf Wortwiederholungen, Ausdruck und Stil sowie auf den

Inhalt und seine faktische Korrektheit (Namen, Begriffe etc.). Wer mit Lektor(inn)en arbeitet, bekommt sein Manuskript meist mit den Änderungen zum Nachverfolgen und diversen Anmerkungen. Werden Ergänzungen eingearbeitet, bitte ebenfalls mit der Funktion im Schreibprogramm, die diese Änderungen aufzeichnet und in Farbe sichtbar macht. So können lediglich die Änderungen noch einmal durchgesehen und bei Bedarf korrigiert werden. Auch wohlmeinende Lektor(inn)en können sauer reagieren, wenn sie zum dritten Mal neu damit anfangen, einen Buchtext zu lektorieren. Erst wenn das Lektorat abgeschlossen ist, werden alle Änderungen in den Text übernommen. Obwohl Lektorat viel mehr Arbeit als Korrektorat ist, wird es meist zum lediglich doppelten Preis des Korrektorats angeboten. Die Preise richten sich nach den Manuskript- oder Normseiten (Achtung: Auch hier gibt es Unterschiede in der Definition bzw. Zahl der Anschläge!)
Lektorat kann ins Geld gehen, trotzdem ist hier am falschen Platz gespart, wenn man einen Ruf zu verlieren hat und auf dem Markt ernst genommen werden will.

Erst das fertig lektorierte oder korrigierte Manuskript geht zur **grafischen Gestaltung**. Wer den Grafiker, die Grafikerin stündlich mit nachträglichen Änderungen quält, die sich vielleicht auch noch auf den Satzspiegel auswirken (und alle

Seiten verschieben), macht sich keine Freunde. Obendrein sind spätere Ergänzungen weitere Fehlerquellen. Das fertig gesetzte Buchmanuskript wird vom Autor, der Autorin der Umbruchkontrolle unterzogen, sprich: Sind alle Worttrennungen korrekt oder ist hier noch etwas zu ändern? Das ist die Endkontrolle, ehe das Buch in Druck geht.

Bei Büchern, die nur aus Text bestehen, ist der **Buchblock** mit ein wenig technischem Wissen einfach selbst zu gestalten. – Und kann doch für „Unwohlsein" sorgen, wie etwa bei Ingrid aus der Buchschreibgruppe: „Ich bin wie eine Lokomotive im Schreiben unterwegs, aber bei der Formatierung und technischen Belangen stocke ich ..."
Bei Dienstleisterverlagen gibt es häufig bereits **Formatvorlagen (Templates)** für Selfpublishing-Autor(inn)en, die es einfacher machen. Hier sind zwei bis drei Millimeter beim Buchrücken eingeplant, die Seiten gespiegelt (linke und rechte Seiten voreingestellt), das Impressum ist am richtigen Platz, ebenso das Inhaltsverzeichnis, die Seitenzahlen beginnen erst im Textteil etc. – Damit lässt es sich ganz gut arbeiten. Zu beachten ist: Die Seitenzahl des Buchblocks (des Innenteils des Buches) soll durch vier teilbar sein – das hängt mit den Druckbögen zusammen, die durch die Druckmaschinen laufen und anschließend geschnitten werden. Notfalls können die Seiten um

Leerseiten (ohne Pagina = Seitenzahlen) ergänzt werden.

Beim Buchblock gibt es Feinheiten zu beachten: Sind Bilder enthalten, die bis zum Rand der Seite reichen sollen, ist ein **Beschnittrand** notwendig (meist 5 Millimeter) – d. h. das Buchmanuskript wird nach dem Druck beschnitten, womit unerwünschte kleine weiße Ränder durch unsauberen Druck zu vermeiden sind. – Ein Fall, in dem eine professionelle grafische Gestaltung anzuraten wäre. In Buchgestaltung erfahrene Grafiker/-innen wissen, was hier zu tun ist und wie sie Druckvorlagen mit Beschnittrand gestalten.

Bücher, bei denen Bilder ein wesentliches Gestaltungselement sind, sollten lieber mit grafischer Unterstützung umgesetzt werden. Grafiker/-innen überlegen sich nicht nur ein Gesamtkonzept und die passende Typographie, sie bearbeiten auch Bilder für den Druck und betten die Abbildungen sowie Schriften in's Druck-pdf ein. Damit alles am richtigen Platz bleibt und so zu lesen ist, wie es gemeint war. Wem diese Begriffe ein spanisches Dorf sind, der sollte entweder recherchieren, sich die richtigen Grafikprogramme besorgen und einen Crashkurs in grafischer Gestaltung belegen (Proportionen – der goldene Schnitt – spielen auch eine wichtige Rolle beim Layout, z. B. bei der Covergestaltung) oder Fachleuten vertrauen.

Für das **Cover** gibt es bei Dienstleisterverlagen bereits grafisch gestaltete Vorlagen, die mit eigenen Bildern und Texten befüllt werden können. Das Layout ist vorgegeben, Hintergrundfarben können meist aus mehreren Möglichkeiten gewählt werden, Verlagslogo und ISBN-Barcode für das aktuelle Buchprojekt werden automatisch in das Cover integriert. Die Handhabung ist meist einfach, vor Druckfreigabe gibt es ein digitales Muster zum Absegnen.

In der Regel sind Druck-pdf-Dateien am einfachsten hochzuladen. Tools, die aus einem Word-Manuskript eine Druck-pdf erzeugen und z. B. über die Druckbefehle angesteuert werden, können durch Virenscanner bzw. Firewalls manchmal blockiert werden. Dann beginnt die Suche in den FAQ, in Hilfe-Foren oder bei den Browser-Einstellungen, die ziemlich nervtötend sein kann (bereits erlebt).

So keine ausgefallenen Schriften verwendet werden und nur ein Autorenfoto im Buchblock platziert ist, dürfte auch die Umwandlung in eine pdf-Datei aus dem Schreibprogramm heraus nicht das Problem sein (auch wenn es sich dabei nicht um die Profi-Grafik-Version des Konvertierprogramms handelt).

Vor der Druckfreigabe gibt es eine Datei zum Begutachten/Kontrollieren – spätestens zu diesem Zeitpunkt ist sichtbar, ob die Umwandlung tadellos geklappt hat. *sk*

Die Perfektionismus-Bremse

„Das muss sich ändern", betont Susanne aus der Buch-Schreib-Gruppe und spricht den „Perfektionismus als Bremse" an: „Sonst brauche ich noch 100 Jahre bis zum fertigen Elaborat …"
Jede Autorin und jeder Autor wird diesen Anspruch kennen: ES MUSS GENIAL WERDEN oder zumindest perfekt! – Und dann entstehen die ersten Sätze, Passagen, Seiten. Hm: Sind diese tatsächlich etwas Besonderes? NEIN, DAS IST NICHT GUT – nicht gut genug!
„So kann man das nicht schreiben", ist sich Andrea sogleich klar und markiert das Entstandene: alles verwerfen, löschen, weg damit; neu versuchen.
„Zwischen mir und meinem Schreiben ist ein Vorhang", erklärt Gerhard. Und dieser Vorhang wird perfide gewoben aus:
- Zweifeln – „Wen soll mein Geschreibsel denn interessieren?"
- Vergleichen – „Die anderen formulieren viel eloquenter, bunter, packender!"
- Ängsten – „Ich werde sowieso nie fertig mit dem Ding."

- Erwartungen – „Unter 260 Seiten ist das Buch nicht ernst zu nehmen."
- Antreibern – „So, jetzt setz' dich hin und schreib drei Stunden!"

Alle sind – sanft dosiert – durchaus willkommen und hilfreich im Buch-Entstehungs-Prozess. Sie sollen nur nicht die Macht übernehmen; denn dann werden sie zur (Perfektionismus-)Bremse. *mg*

Hochschaubahn der Gefühle und Erlebnisse

„Ich bin mitten im Schreiben –
mitten in allen Verzweiflungen des Schreibens."
Peter Turrini

Ja, die Buch-Schwangerschaft verdient ihren Namen – wenn man die wechselhaften Erzählungen der „werdenden Mütter" (und auch Väter!) über Übelkeiten, Unpässlichkeiten, Schlafstörungen, depressive Schübe, Zweifel, aber auch enthusiastische Phasen und Glücksgefühle hört und mit jenen der Autor(inn)en vergleicht: „Es waren turbulente Zeiten – mit vielen Auf's und Ab's", erinnert sich Susanne. Rühmut spricht gar von „Höllenfahrten, die mir die Buchschwangerschaft bereitet hat – mit nächtlichen Eingebungen um 2,30 Uhr". Gabrielle ergänzt: „Es war ein unvorstellbar spannender Prozess von 'Ich kann nicht' bis 'Ich hab's tatsächlich geschafft'; unglaublich vielfältig und bunt!"

„Schriftstellerei ist der Wechsel zwischen völliger Isolation und Öffentlichkeit."
Vea Kaiser

Pures Glück in der „Buch-Schwangeren-Gruppe"

Dieses satt-inspirierend-freudvolle Gefühl tiefer Zufriedenheit ist nach wie vor in mir präsent. Abrufbar. Spürbar. Wie wunderbar: wieder ein Tag Rückzug in der „Buch-Schwangeren-Gruppe" – an einem höchst inspirierenden Ort. Im goldenen Dutzend entführen wir einander in unsere individuellen Buch-Welten. Jede und jeder erzählt aus ihrem/seinem Element, wo's wahrhaftig, stimmig, echt ist. Wir heben ab – gehen, fliegen mit. Geist wie Seele werden genährt, wenn die eine von ihrem steirischen Jakobsweg berichtet, die andere von mutigen, unkonventionellen Frauen-Persönlichkeiten; er von seiner besonderen Methode der Kundenorientierung, sie von entzückenden Erlebnissen als Oma. Was ist interessanter? Berührender? Die Berichte vom Einsatz der Friedenstauben oder jene Erfahrungen aus fremden Kulturen wie Ägypten? Diese Fragen nach Wertung stellen sich nicht. Alles ist kostbar, wertvoll. Möge das Schrei-

ben auch als Therapie gegen eine grässliche Krankheit einer Teilnehmerin wirken! – Ja, die Dialoge der Farben wären ebenso als meditative Hör-CD wunderbar. Und die spannenden Erkenntnisse mit dem Babyschwimmen ein Video wert. Der bunte Jahreskalender mit den persönlichen Weisheiten wird wohl spiralisiert werden. Machen wir alles. Wird der Krimi um den Politiker-Tod gar ein Drehbuch? Die lustigen Erfahrungen mit der Partner-Börse könnten auch erfolgreich auf die Bühne gebracht werden …
Willst Du Dein Buch einem Verlag anbieten, im Eigenverlag drucken lassen oder selbst bei „Print on Demand" hochladen? Wir unterstützen Dich …
Und wir leiden mit jeder/jedem der Gruppe mit – die/der sich SELBST SABOTIERT. Selbst-Sabotage nenne ich jenen Zustand, in dem unsere Erwartungen, unser Perfektionismus-Wahn, unsere unfassbar hohen Ansprüche an uns selbst die unbestrittene Schreib-Freude vertreiben. Unerbittliche Gedanken an eine stattliche Seitenzahl, an Formatierungen, an perfekte Fotos/Illustrationen, an höchstmögliche Verbreitung, noch ehe das Werk finalisiert ist, stören enorm, ja – sie unterbinden den kreativen Fluss der Worte.
„Alles sagen können in der Gewissheit, verstanden zu werden, ist das nicht Glück?", meinte Honoré de Balzac, und nach dem Buch-Schreib-Workshop stimme ich hundertprozentig zu. Wohl nicht nur ich allein. Wir sind in Freude all-eins. *mg*

*„Behandle Menschen so,
als wären sie mit Dir verwandt."*
Navajo-Spruch

Ko-Kreativität

„Sechs Hirne checken mehr als eines", würdigt Helmut die Gruppenerfahrungen. Es ist nicht nur die Geborgenheit, der Austausch und die Ermunterung in der Buch-Gebär-Gruppe – die gemeinsame, regelmäßige „Buch-Schwangerschaftsgymnastik" – die das Miteinander so unendlich wertvoll macht: Der große Hirn-Forscher Gerald Hüther spricht von „Ko-Kreativität" als wahrem Segen. „Wir lernen besser und mehr miteinander und voneinander", hebt er hervor, „ideal wäre, wenn die anderen mir gewogen sind, wenn ich mir unter angstfreien Bedingungen in einem angstfreien ko-kreativen Setting mit anderen ein Thema erschließen kann."
Er wäre begeistert – wie wir alle – „im Uterus" der gemeinsamen, so wohlwollend-förderlichen Buch-Schreib-Gruppe. *mg*

*„Menschen zu finden,
die mit uns fühlen und empfinden,
ist wohl das schönste Glück auf Erden."*
Carl Spittaler

VIII – Vorbereitung: Feinschliff und Marketing

Ab jetzt wird das Blut des Babys vom Knochenmark gebildet. Die Entwicklung der inneren Organe ist so gut wie abgeschlossen, nur die Lungenreifung schreitet noch weiter voran. Weiteres Größenwachstum und Gewichtszunahme stehen im Mittelpunkt dieser Zeit. Das Kind braucht eine gute Nährstoffversorgung und wird zunehmend nachtaktiv. Es bekommt über die Plazenta wichtige Abwehrstoffe eingeschleust und fängt an, ein eigenes Immunsystem auszubilden. Der Endspurt hat begonnen: Das macht sich bei vielen Babys bemerkbar, indem sie sich drehen und langsam mit dem Kopf nach unten die Geburtsposition einnehmen. In der Gebärmutter wird's nun allmählich eng …

Das Manuskript wird dicker und der Inhalt gewinnt an Gewicht. Die letzten Arbeiten beginnen: der Feinschliff, die eine oder andere Umstrukturierung, Überarbeitung, Streichung, noch eine Detail-Grafik. Das Endredigieren. Erst jetzt werden Titel und Vorwort endgültig festgelegt.
Ideen zum Marketing entstehen. Man wagt, an eine Präsentation des Buches und erste Werbemaßnahmen zu denken. Eingebungen zu organisatorischen Themen kommen – oft überraschend – im Halbschlaf.

„Glück liegt in der Freude des Erreichten und im Erlebnis der kreativen Bemühungen."
Franklin D. Roosevelt

„Und wie soll's denn heißen?"
Titel aus Bild & Emotion

Huch, demnächst ist es so weit … Und wir wissen noch gar nicht, wie es heißen soll: Das Baby braucht doch einen Namen!
Oder es hatte bereits einen, schon bevor es gezeugt wurde.
Beide Varianten sind möglich: in der menschlichen wie in der publizistischen Schwangerschaft.
Manchmal wird aus einer spontanen Verlegenheitslösung, aus einem Provisorium, eine dauerhafte Schöpfung.

Nun also: Titelfindung.
Aus der journalistischen Vergangenheit weiß ich/wissen wir noch: „Der Titel ist ein Lasso, mit dem die Leser/-innen gefangen werden.
„HEADline" – also „Kopfzeile" – sie steht ganz oben, außen, und führt ins Innere. Die „Schlagzeile" – ja, da wird schon wirklich getrommelt, da darf schon etwas „dicker", plakativ aufgetragen werden.
Spannend soll er sein, verlockend, der Titel. Er möge interessieren, er soll dazu verführen, das

Buch zur Hand zu nehmen, reinzulesen und dabeibleiben zu wollen.

Ein guter **Titel** ist im Idealfall eine **Kombination aus Bild und Emotion.**
Der **Untertitel** liefert die **Sach-Information, eine Erklärung,** nach. Er bietet die Konkretisierung, eine Kürzest-Information, was die Leser/-innen erwarten wird.

Wagen wir es, unseren Buchtitel als – gelungenes – *Beispiel* für Titel/Untertitel anzuführen?!
Du entscheidest – aber Du hast bereits entschieden, indem Du jetzt gerade darin liest. Danke!

„Buchschwanger" – eine Kreation, kein übliches Wort, und doch lässt es prompt Assoziationen zu. Weil alle, die je ein Buch zur Welt bringen wollten bzw. brachten, wissen/spüren, worum's geht.
Der Untertitel führt aus: was darunter zu verstehen ist – was den Leser/die Leserin erwartet:
„In 9 Monaten zum eigenen Buch-Baby"

Aha, da bekomme ich wohl einen Ratgeber: Wie kriege ich endlich mein Buchprojekt auf die Reihe?! *Ein praktischer Leitfaden für das Buchgebären – eine Liebeserklärung ans Schreiben.* – So lautete übrigens unser ursprünglicher Untertitel. Du magst nun einwenden: Aber ist diese Doublette, diese Wortwiederholung, nicht zuviel?

Buchschwanger ... und Buch-Baby?! – Ja, darüber kann man diskutieren – und auch Sabine und ich haben's intensiv getan – wie man ÜBER ALLES und JEDES WORT in einem Buchprojekt diskutieren darf. Und es damit auch „zer-diskutieren" kann; im Sinn von „vernichten".

Was wären Alternativen? In 9 Monaten zum „eigenen Werk"? ... zur „Autorenschaft"?
Nein, das waren/sind eben keine Alternativen. Und beim „Buch-Baby" stimmt einfach alles.
Somit haben wir uns dafür entschieden ... Und wir hoffen, es ist Dir bereits ans Herz gewachsen.

mg

Zum Schluss: Das Vorwort

Wenn wir ein Buchprojekt starten, sind wir zunächst voller guter Absichten. Ideensammlung und Gliederung sind Teile dieses Vorhabens. Was daraus wird, entscheidet sich letztlich aber erst beim Schreiben. Alle, die Bücher machen, wissen: Die Babys entwickeln ein Eigenleben. Das gilt nicht nur bei Romanen, wo sich die handelnden Personen immer mehr herausbilden und Charaktere entwickeln, die oft die Führung übernehmen. Nein, auch Sachbücher können sich weiterentwickeln, während sie Gestalt annehmen. Das eine sind unsere Vorstellungen, das andere ist der

Lebensfluss. Wie meinte John Lennon so schön in seinem Liedtext „Beautiful Boy (Darling Boy)": „Leben ist das, was passiert, während du eifrig dabei bist, andere Pläne zu machen."
Nachdem wir also bisher nicht wussten, wo das Buch uns hinführen würde, ließen wir das Vorwort erst mal links liegen. Nun aber, am Ende des Buchgebärprozesses, gilt es, dieses zu formulieren. Erst jetzt können wir wirklich sicher sein, was in diesem Buch steht. So haben wir's uns aber auch erspart, das Vorwort 15-mal umzuschreiben. *sk*

Damit Dein Buch-Baby in der Welt willkommen geheißen wird – und wachsen kann:
Buch-Marketing: „Juwel statt Schmarrn"

> *„Alles, was man mit Liebe macht,*
> *wird geliebt werden."*
> *Bernhard Paul, Circus Roncalli*

„Was Marketing eigentlich bedeutet?", wiederholt eine liebe Freundin, die seit vielen Jahren als erfahrene Marketing-/Event-Expertin erfolgreich tätig ist, meine Frage und antwortet: „Maßnahmen zu überlegen, wie man den Schmarrn verkaufen kann …"

Schmarrn?! – Also bitte … Mehr Respekt! Aber, es ist so: Solange der Nutzen eines Dinges nicht vermittelt werden kann, ist's nicht mehr und nicht weniger …

Tja, 100.000 Bücher erscheinen jährlich allein im deutschsprachigen Raum. Schafft's überhaupt 1 Prozent davon, die Wahrnehmungshürden zu nehmen und von Interessent(inn)en „gefunden" zu werden?!

Die Bestseller-Quote liegt wohl bei 0,1 Prozent.

Dennoch sind jede Autorin und jeder Autor, aber auch alle Verleger sicher, ein strahlendes Juwel zwischen Buchdeckeln auf den Markt zu bringen. Ein echtes Meisterwerk!

Und die Marketing-Kunst besteht darin, dem Markt klar zu machen: Hier ist ein Schatz, kein Schmarrn … Etwas Wertvolles, das man unbedingt mit nach Hause nehmen muss!

Marketing heißt: **Hineinhorchen in den Markt**, die Zeichen und Trends der Zeit erkennen. Die Menschen in ihren Bedürfnissen wahrnehmen, in sie reinspüren, reindenken und sie genau dort, wo sie stehen, abholen. Marketing ist eine feinfühlige Aufgabe – und ein Auftrag: Erzähle über Dein Werk. Du hast es nicht geschrieben, damit es zu Hause in einer Lade ungelesen verkümmert und vergilbt … „Tu' Gutes und rede darüber", lautete die Botschaft des **Public-Relations**-Pioniers Graf Zedtwitz von Arnim (in meinem Geburtsjahr 1964). Du hast gut geschrieben, etwas Wertvolles zu Papier gebracht – und nun sollen es „die Menschen da draußen" erfahren! Public Relations umschreiben die „Beziehungen zur Öffentlichkeit" oder „öffentliche Beziehungen". Konkret ist damit „Beziehungs-PFLEGE" gemeint. Pflege Deine Kontakte; versorge sie mit wertvollen Informationen; teile ihnen mit, was Du ihnen Wertvolles bieten kannst. Und das ist eine herausfordernde Arbeit: Öffentlichkeitsarbeit!

Die wertvolle PR-Sichtweise nennt sich „**Benefit-Orientierung**": Bene facere – was kann mein Ding, speziell mein Buch, DIR und IHNEN und JENEN Gutes bieten? Warum müssen sie's alle unbedingt kaufen, lesen, weiterschenken?!

Überlege und FORMULIERE!
Die Beantwortung kann sehr gut als „**Klappen-Text**" bzw. auf der letzten Umschlagseite Deines Buches verwertet werden – und auch eine gute Basis für einen Presse-Text bilden.

Wem speziell könnte Dein Buch noch hilfreich sein?

Und mit wem könnte man – weil wechselseitig von **Nutzen** – eine erfolgversprechende Kooperation eingehen; gemeinsame Aktionen planen?

mg

Und plötzlich wird man – als Buchautor/-in – SICHTBAR ...

Ein wahrlich nicht zu unterschätzender Begleitaspekt des Buch-Schreibens und Veröffentlichens: Die Autorin und der Autor werden auf einmal aus der „anonymen Masse" herausgeholt; auf ein Podium gestellt, in den Mittelpunkt gerückt. Vielleicht – hoffentlich – sogar ein „Medien-Thema". Das Innere wird plötzlich – überall nachlesbar – nach außen gekehrt; die Zeit der Geheimnisse ist vorbei. Nunmehr wissen viele, was zuvor nur ein paar Eingeweihte, engste Vertraute kannten. „Ich bin jetzt buchstäblich ein offenes Buch", weiß Ingrid. „Ich lege alles offen", merkt Ursula an, „ich dachte, ich schreibe ein Buch über Wanderungen, nicht über mich; doch jedes Wort, jede Zeile bin ich, indem ich Stärken wie Schwächen bekenne; so frage ich mich: Will ich mich eigentlich so offenbaren? Ja!" Tanija spricht stellvertretend für viele: „Ich war bislang unsichtbar – unbekannt; als Buchautorin mache ich bewusst einen Schritt in die Sichtbarkeit. – Und ich stehe dazu: Ja, ich will nunmehr gesehen, öffentlich wahrgenommen werden!" mg

„*Die Öffentliche Meinung ist alles. Mit ihr gibt es keine Niederlage, ohne sie keinen Erfolg.*"
Abraham Lincoln

Die 4 P's des Marketing

Product: Stimmt das Produkt bereits? Passen die Qualitätskriterien? Bist Du zufrieden mit Inhalt, Titel, Format, Umfang, Ausstattung, Aufmachung, grafischer Gestaltung? Speziell das Buchcover, das Aushängeschild Deines Projekts, verdient besondere Beachtung. Ist es ansprechend? Sticht es heraus – hebt es sich ab von anderen Büchern? Hast Du Dein Werk selbst kritisch-wohlwollend lektoriert bzw. – noch besser – von einem „neutralen Experten" lektorieren lassen? Sind die Korrekturen gemacht? Professionalitätscheck für Text und Cover: Kannst Du guten Gewissens und frohen Herzens Dein Werk „frei geben" – um die Daten hochzuladen/in Druck zu gehen? – Sehr gut!

Price: Erst wenn Du mit dem Produkt, mit Deinem Buch, glücklich bist, gilt's einen Preis festzulegen. Natürlich orientiert man sich dabei nach dem Markt. – Was kosten vergleichbare Bücher? Oder E-Books? Salopp formuliert: ein paar Euro. Paperback? 10 bis 19 Euro. Hardcover? Darf schon um die 20 und mehr Euro kosten ... Künstlerische Werke auch jenseits der 30 Euro.

Place: Darunter ist der „Platz" zu verstehen, wo man Dein Werk bekommen kann. Und dafür sind Vertriebs-Überlegungen anzustellen. Wie und wo erhält man Dein Buch? Ausgewählte Buchhandlungen ... Befreundete Unternehmen ... Über einen „Onlineshop" auf Deiner Webpage? Die Verlags-/Buchauslieferung.

Promotion: Das Um und Auf für den Erfolg Deines Buches. Auf den Punkt gebracht: Lass' keine einzige Chance ungenutzt, die „Werbung/ PR" für Dein Werk bringen kann. Apropos: Was ist die Unterscheidung zwischen „**Werbung**" und „**PR – Public Relations**"? – Die englischen Begriffe SELL und TELL verdeutlichen die zwei unterschiedlichen, sich aber ideal ergänzenden Bereiche. Werbung – „to sell" – bezahlt für jede Maßnahme: ein Inserat, ein Plakat, einen Banner. PR hingegen „tells" – erzählt bei jeder Gelegenheit die Neuigkeit: Es gibt mein neues Buch ... darum geht's ... die nächste Lesung ist ...

Medien

Medien sind Transporter – Informationstransporter. Die besten Medien sind Menschen, die für Dich und für Dein Buch „laufen" bzw. gut drüber sprechen.
Informiere deshalb schon vor Fertigstellung Deines Buches alle Freunde, Bekannten, Verwandten ... Menschen, mit denen Du im regelmäßigen Austausch stehst, die Du magst – im beiderseitigen Sinne. Das werden auch jene sein,

die Dein Buch – vermutlich – gerne erwerben und auch zu diversen Anlässen weiterverschenken.

Dein wichtigstes Medium ist das **BUCH** selbst! – Ab Fertigstellung ist es Dein wesentlichster und permanenter Begleiter. Du wirst es in den nächsten Monaten tagtäglich zur Hand nehmen. Und optimal präsentieren – buchstäblich AUSSTELLEN – wo und wann immer es möglich ist. Zu Hause … am Arbeitsplatz … im Auto … lass' es liegen … sodass man es wahrnehmen muss.

Werbekärtchen: Lass' Dir ein A6 – Postkartengroßes – Werbekärtchen machen und tausendmal drucken. Vorderseite: Buchcover – Rückseite: alle wesentlichen Eckdaten zum Buch. Inhalt. Preis. Wo erhältlich. Verweise zur eigenen Webpage.

Visitenkarten: Es gibt Möglichkeiten, um weniger als 20 Euro hundert vierfärbige Visitenkarten herstellen zu lassen, die mit Deinem Buchcover versehen sind. – Gemeinsam mit dem A6-Werbekärtchen ergeben sie einen professionellen „Werbe-Auftritt" für Dein Werk.

Aufkleber: Für mich stellen sie die Krönung der sogenannten „CI – Corporate Identity" dar, kleine Aufkleber, die ebenso das Buchcover zeigen – und Autorennamen, Webpage, eventuell Adresse, Telefonnummer. Ich verwende sie auch stets als

Absender beim Versand meiner Buchbestellungen. Der Empfänger sieht prompt, worauf er sich schon freuen darf ...

Deine Webpage: Wer mit einem Buch in die Öffentlichkeit tritt, ist ab sofort eine „öffentliche Person". Ein Autor, eine Autorin WILL mit seinem/ihrem Werk wahrgenommen werden.
Heutzutage wird, wenn man eine Information aufschnappt und Näheres wissen will, „gegoogelt". Binnen Sekunden könnte man auf Deiner Internet-Seite landen – wenn es denn eine gäbe ... Und das sollte es. Auf der Webpage ist eine aktuelle **„Autoren- und Buch-Info"** zu finden; samt Buch-Bestellmöglichkeit und **Feedbacks**. Idealerweise auch einen „Presse-Bereich", wo interessierte Journalist(inn)en mit wenigen Klicks ein **Foto** von Dir sowie einen Buch-**Pressetext** und das **Buchcover** downloaden können.

Besonders wichtig sind mittlerweile die **Social-Media-Kanäle** wie *Facebook, Twitter, Instagram* oder *Pinterest*. Nutze sie – und es müssen nicht alle sein – als zusätzliche, wertvolle Möglichkeiten, um an Leser/-innen sowie Buchkäufer/-innen heranzukommen. Das größte soziale Netzwerk ist nach wie vor *Facebook* – und hier solltest Du jedenfalls mit einer (Autor(inn)en-)Seite vertreten sein. Deine Beiträge sollten schnell und einfach erfassbar sein, ansonsten drohen sie im breiten Informationsangebot unterzugehen. „Man soll nie vergessen, dass die Gesellschaft lieber unterhalten als unterrichtet werden will", meinte einst Adolf Freiherr von Knigge – und er trifft mit seiner Ansicht mehr denn je den Punkt, speziell auch beim (Social-Media-)Marketing. Trachte, die Leser/-innen mit kurzen, charmanten, witzigen Botschaften und Fotos zu unterhalten und auf dem Laufenden zu halten – und bringe natürlich auch interessante Inhalte über Dich und Dein Buch: Ausschnitte Deines Werks – mit Verweis, wie man zu mehr kommen kann … (Bestell-Link). Du kannst auch Kauf- und Verschenkimpulse setzen. Wichtiger als die Vielzahl an Social-Media-Kanälen ist jedenfalls, **regelmäßig mit den Leser/-innen zu kommunizieren**.

Ein Hinweis auf Deine Webpage/*Facebook*-Seite – vielleicht sogar mit dem Buchtitel – könnte auch Dein **Auto** zieren. Ich sage bewusst: „zieren". Denn Du bist stolz auf Dein Buch; steh' dazu – in aller Öffentlichkeit. Und Dein Auto kann somit ein permanenter Werbeträger – viele tausend Kilometer lang – sein.

Die wichtigsten Marketing-Veranstaltungen für Dein Buch sind die **Präsentation, also die Erstvorstellung** – und dann jede weitere **Lesung**. Wo Du die Inhalte, Anliegen Deines Buches sowie

Deine Persönlichkeit einem geneigten Publikum vorstellst.

Such' Dir ein „würdiges Ambiente" aus, um Dein Werk – wie ein Neugeborenes – erstmals der Welt zu zeigen. Das **Präsentationslokal** wird je nach Buchtitel und auch Genre idealerweise unterschiedlich gewählt werden. Ein Krimi passt vielleicht in ein Strafrechtsmuseum oder eine Nachtbar. Ein Erfolgs-Strategie-Sachbuch in ein schickes Innenstadthotel. Ein Gedichtband vielleicht in ein gemütliches Kaffeehaus oder in eine Bibliothek. – Die Wahl des Lokals soll DIR entsprechen; Du musst Dich primär wohl fühlen mit Deinem Werk. Dann werden auch die Gäste zu begeistern sein. Apropos: Gäste lädt man ein. Ein Glas Wein, vielleicht gar Sekt oder Kaffee, sollte Dein Budget erlauben. Dann fällt es den Eingeladenen auch leichter, ein Exemplar Deines vielversprechenden Werks käuflich zu erwerben und es sich von der Autorin/dem Autor persönlich signieren zu lassen … – Glaube mir, für DIESE erhebenden Momente leben Buchautor(inn)en!

Sobald der Termin für Deine Präsentation/Lesung steht, beginnt die Öffentlichkeitsarbeit dafür erst so richtig. Gestalte eine **Einladung** – entscheide: Willst Du diese auch in Papierform verschicken, was natürlich noch persönlicher beim Adressaten ankommt; per E-Mail ist praktisch, aber bitte wenigstens einzeln und mit persönlicher Anrede versehen. Anonyme Massensendungen erreichen nichts!

Gestalte auch **Presseartikel** und versuche, den einen oder anderen direkten **Journalisten-Kontakt** herzustellen. Auch hier gilt: Die direkte Ansprache ist immer die Beste. Gib Dir einen Ruck: Telefonnummer des auserkorenen Redakteurs raussuchen, anrufen, freundlich einladen; ein kostenloses **Rezensions-Exemplar** anbieten. – Das man natürlich gerne persönlich vorbeibringen würde, wenn gewollt; sonst per Post (vom Verlag – selbst Print-on-Demand-Verlage machen das).

Ein spezieller **Newsletter** an Deine – stets aktuell gehaltenen und achtsam gepflegten – E-Mail-Kontakte sollte jedenfalls Dein neues Buch vorstellen, eventuell eine **Verlosung**, jedenfalls eine **Bestellmöglichkeit** anbieten. – Und die Bitte, es weiterzuempfehlen …

Gibt es den einen oder anderen **Blogger**, der Dein neues Werk zum Thema machen will?

Willst Du vielleicht gar ein **Buch-Video** herstellen? Nein, nicht viel Geld dafür ausgeben – aber vielleicht hast Du in Deinem Umfeld talentierte junge Menschen, die heute mit den sozialen Medien auf Du & Du sind und gerne ein kleines, pfiffiges Filmchen mit Dir und Deinem Buch aufnehmen, um es prompt auf *YouTube* und Deine **Website** zu stellen ...

Ja, und dann überlege – im Sinne des Marketings – noch, mit wem Du **Kooperationen** eingehen könntest. Wer profitiert von Deinem Thema, wen müsste es interessieren? Wem ist es vielleicht sogar ein konkretes, wichtiges Anliegen?! Könnte sich vielleicht sogar das eine oder andere passende Inserat im Buch, eine Subvention ergeben – von Firmen, die auch gleich fünfzig Exemplare als Weihnachtspräsente für ihre Kund(inn)en abnehmen? Und eine Location für die Präsentation sollte damit wohl auch schnell gefunden sein, kostenlos ...

Es heißt: das Thema des Buches ständig „MITzuDENKEN" – wo immer Du bist, was immer Du tust – und liest. Welche Themen sind gerade „in der Öffentlichkeit präsent"? Outet sich ein Promi mit einem ähnlichen Inhalt? – Kann sich da oder dort ein **Konnex** finden lassen zu Deinem Buch-Thema? – Und sei es nur jahreszeitlich oder durch Chronikales wie Schulanfang, Ostern, Sommer, Allerheiligen, Weihnachten ...

TIPP: Für telefonische/Mail-„**Nachfrage** sorgen" – kann speziell bei Buchhandlungen dazu führen, dass, wenn mehrere Kunden nach Deinem Buch fragen, es auch bestellt und ins Sortiment aufgenommen wird. Buch-Insider bitten, sobald das Werk fertig und im *VLB – Verzeichnis lieferbarer Bücher* – gelistet ist, ihre Freunde, es vorzubestellen ... So kann's selbst bei *Amazon* gelingen, unter den Top-Verkäufen zu landen ...

Je mehr Information rund um Deinen Buch-Titel **geschrieben, gepostet und getwittert, besprochen und weitergegeben** wird, desto mehr Daten sind in der Öffentlichkeit, „im Netz" und somit auch in den Verzeichnissen wie dem VLB, Edelweiss+ und den Barsortimentskatalogen (Libri, Brocom) einsehbar. Dies unterstützt zusätzlich den Bekanntheitsgrad und folglich den Kauf des Buches. *mg*

Zusammenfassende Checkliste – Buchmarketing
(basierend auf BoD):

Der erste Eindruck
Hat Dein Buch einen griffigen, spannenden Titel?
Ansprechendes, außergewöhnliches Cover?
Wirkt der Gesamtauftritt einheitlich (Titel, Cover, Website)?

Der Preis
Buchpreise auf dem Markt verglichen?
Eigenen Wunsch-Buchpreis kalkuliert?
Ev. Aktionspreise geplant? Subskriptionspreis?
Paket-Preise: Staffelungen 5 / 10 Exemplare ...

Die Strategie zur Vermarktung
Wer ist Deine Zielgruppe?

Wo finden Leser/-innen und Multiplikator(inn)en eine Empfehlung für Dein Buch?
Was macht, in einem Satz, Dein Buch besonders?
Geeigneten Veröffentlichungstermin gewählt?
Hast Du Bildmaterial, um Dich und das Buch der Presse vorzustellen?
Zu welchen Anlässen könntest Du weitere Impulse für Dein Buch geben?
Sind Leseproben Deines Buches im Umlauf?
Hast Du eine Autoren-Website eingerichtet?
Social-Media-Kanäle aktiv?

Die Pressearbeit
Kontaktdaten gesammelt?
Sind alle Infos in den Pressemitteilungen enthalten?
Pressemitteilungen an Redaktionen und Portale verschickt?

Die Lesung
Stimmigen Ort ausgewählt?
Kooperationspartner gefunden?
Einladung gestaltet und versendet?
Die Werbetrommel gerührt?
Vorlesen geübt, Zeit gestoppt?
Fragen aus dem Publikum überlegt, Antworten parat?

WIE GROSS IST DEINE VOR-FREUDE?!
Denn darum soll's vor allem gehen ...

„Übung macht den Meister!
Das gilt für jede Kunst,
auch für die Kunst zu leben."
Gustav von Moser

IX – Banges Warten: Geburt und Präsentation

*„Poesie ist ein Ereignis,
das auf knochenharte Arbeit angewiesen ist."
Friederike Mayröcker*

Die Lungenreifung ist abgeschlossen, letzte Feinarbeiten gehen vor sich. Das Baby legt Energiereserven an und schüttet Stresshormone aus: die Geburtsvorbereitung des Kindes. In den letzten Wochen vor der Geburt bekommen die Knochen nochmals einen Wachstumsschub, damit sie die richtige Festigkeit erhalten. Das Immunsystem des Babys funktioniert jetzt unabhängig von dem der Mutter.
Die praktischen Vorbereitungen für die Geburt sollten abgeschlossen sein. Die Sehnsucht nach dem Geburtstermin wächst. Dazwischen: Kraft und Ruhe tanken und mit natürlichen Mitteln die Nerven beruhigen. Bis die Wehen einsetzen ...

Das Cover und der Buchblock sind tatsächlich fertig – oder doch noch nicht? Sicherheitshalber noch einmal durchlesen – wieder ein Fehler gefunden … Und dann doch: Die Dateien können hochgeladen bzw. zur Veröffentlichung freigegeben werden. Was für ein spannender, erhebender, freudvoller Moment! Das bange Warten auf die Lieferung des Buchbabys beginnt. – Wird es

rechtzeitig da sein? Wie wird es aussehen? Wird alles glatt gehen? – Die letzte Bauchweh-Phase …
Das Baby endlich in Händen zu halten, ist – trotz oder sogar wegen all der Anstrengungen – beglückend. Die Wehen sind schnell vergessen, die Freude überwiegt und der Wunsch, andere teilhaben zu lassen. Das Kind wird aus der Taufe gehoben, gefeiert und begossen. Es hat das Licht der Welt erblickt und einen eingetragenen Namen. Sichtbar für die Welt, startet es seine Reise ins Leben.

Eine schwere Geburt!

„Ich wusste nicht, dass eine Geburt 14 Tage dauern kann, bei mir sind in der Zeit die Haare grau geworden", gesteht Susanne aus der Buchgruppe ein, „weil ich keine Zeit für Farbe vom Friseur hatte …" Immer wieder habe sie etwas geändert, umgeschrieben, „korrigiert und korrigiert … und das jeden Tag von 6 Uhr früh bis Mitternacht. Ich bin kaputttttttttttt!"
Sehr interessant war auch zu erkennen, so gibt sie Einblick in ihr Autorinnensein. „Wie 'es' sich geschrieben hat … ein richtiges Eigenleben entwickelt hat … Sehr eigensinnig, dieses Buchding, von dem kann sogar ich noch etwas lernen … Es hat mich zum Lachen und Weinen gebracht und Kapitel auf eine Art und Weise enden lassen, dass

ich selbst oft ganz erstaunt war ... Ich habe total unterschätzt, wie lange man braucht, um 200 Seiten immer wieder zu lesen, denn das Blöde ist, dass nicht alle Fehler und Ungereimtheiten auf einmal 'hier' schreien, sondern nur ein paar pro Lese-Durchgang – diese garstigen Fehler! Man findet immer wieder etwas; a never ending story ... Mein Resümee: Lieber zwei Bücher schreiben, als ein Buch lektorieren und korrigieren ... (Liebes Universum – bitte schicke mir einen Verlag + Lektor!)
Jetzt habe ich das Ding endlich hochgeladen, um fünf Minuten später den nächsten Tippfehler zu finden, es ist zum Haare raufen.

Aber trotz der Fehler, die sicher noch drinnen sind – im Wesentlichen hab' ich viel Freude damit. Für mich steckt viel drinnen: sehr viel Humor, Mann-Frau-Themen, berührt sein, Traurigkeit, Wachstum ... einfach das Leben als solches. Und insofern bin ich sehr zufrieden."
    Susanne Giljum, www.susanne-giljum.com

„Monde und Jahre vergehen,
aber ein schöner Moment
leuchtet das Leben hindurch."
Franz Grillparzer

Und heute werde ich Vater ...

Es war – wieder – eine unruhige Nacht; 'rumgewälzt ... oft wach ... Und seit Stunden, seit der Morgendämmerung, starre ich in den Himmel. Glücklich. Bewegt. In bebender, ungewisser, dennoch vertrauensvoller Vorfreude. In wenigen Stunden werde ich VATER. Wieder. Und doch im jungfräulichen Gefühl des „Erstmals". Jedes Mal wird der Vater neu geboren. Mit jedem frisch aus Druckmaschine & Buchbinde entschlüpften Werk. Oh, mein Gott, wie schön!
Ich weiß: Ab heute wird alles anders werden. Das neue (Buch-)Wesen wird Raum einnehmen. Ich werde ihm diesen Raum gerne geben – und mit ihm behutsam gestalten. Mich darauf einlassen, wo UNS das Leben nunmehr hintragen will. Ich denke an das bisher letzte Werk, das so schöne Präsentationen, Kooperationen und wundervolle Einladungen nach Kärnten – Millstättersee, nach Tirol, Salzburg, Wien, auf die Lilienfelder Alm, ins Kamptal und in die Wachau nach sich zog. Interviews im Radio, in Zeitungen, Bestellungen, Verkaufsmeldungen, Rezensionen, berührende Feedbacks von Leserinnen und Lesern.
Umarmungen. Gemeinsames mit Gleichschwingenden, Buch-Begeisterten ...
Und doch überwiegt der heutige Moment alles: Wenn ich mein Baby erstmals sehe, in den Händen halten darf, die mit meinen Gedanken, Zweifeln

und Glückserlebnissen gefüllten Seiten durchblättern werde. Mit Spannung und einer mitschwingenden Horror-Bereitschaft: Wann werde ich den ersten Tipp- oder gar Rechtschreibfehler finden? Obwohl ich's vor der Druckfreigabe wohl zwanzigmal akribisch durchgekaut habe; von vorne bis hinten, von hinten bis vorne ...
Ich will und werde mein Buch mit allen kleinen Besonderheiten lieben. Es ist mein Werk – und es macht mich zu seinem Werk ... Mit dem Buchneuling werde auch ich wieder neu. Das Buchthema wird plötzlich zu einem wesentlichen Tagesinhalt. Oh, eine Bestellung aus dem Mürztal – mit gewünschter Widmung, gerne. Eine Anfrage aus einer Bibliothek meiner Waldviertler Heimat?! Ja, mit Freude werde ich eine Lesung gestalten. Sonderkonditionen, natürlich, wie immer. Eine Freundin will im Kaffeehaus mit mir über das Buch sprechen – aber ja doch.
Stets wird das neue Werk DABEI sein. Eine tragende Rolle spielen. Wo will es mich hintragen? Ich lasse mich mit frohem Herzen hingebungsvoll darauf ein – und spiele mit ... *mg*

Vielfache Mutterfreuden

Meine Bücher sind wie meine Kinder. 13 an der Zahl bis dato, das 14. ist unterwegs und am 15. wird – hiermit – gerade gebastelt. Nach 15 Jahren als Buchautorin ist eine schöne Schar rangewachsen. Ich mag und liebe sie alle – die Herzensbücher, die mir zufließen aus meinem Selbst, meiner Seele, und die Auftragsarbeiten – Sachbücher, etliche zum Thema ganzheitliche Gesundheit. Sie haben mich sehr viel gelehrt. Wissbegierig war ich schon immer und die Recherche als Journalistin sowie als Buchautorin hat meinen Horizont sehr erweitert. Wie im Leben mit „richtigen" Kindern, sie sind häufig gute Lehrmeister.

Der Drang nach physischen Kindern war nicht so enorm stark in mir. Rund um meinen 30. Geburtstag, als Freundinnen meinten, die biologische Uhr würde mich schon zum Nachdenken bringen, habe ich kurz mal überlegt und konnte es mir auch vorstellen. Hat aber nicht lange angehalten. – Die Liebe zum Schreiben ist lebenslänglich, sie ist ein Drang in meinem Inneren, der nicht versiegt, nicht von mir zu trennen. Eine Lebensaufgabe, Berufung, Seelenplan, wie immer man's nennen mag. Sie erwachte schon in meiner Kindheit und ich bin mir sicher, sie verlässt mich nicht bis zum Grab.

Ich merke, wenn ich nicht kreativ schreibe, fühle ich mich unbefriedigt und werde zunehmend grantig. Unbefriedigte Frau eben, tja. Da hilft es gar nicht, wenn ich andere Aufgaben habe, die ich auch liebe – zum Beispiel Menschen begleiten in meinen Seminaren. Der Schöpfungsakt ist unvergleichlich, er ist durch nichts zu ersetzen und für mich durch nichts zu toppen. Erzählen Sie das bitte nicht meinem Freund. ;-)

In Phasen, wo ich vor allem pragmatische Kopfarbeit erledige und die Kreativität aus zeitlichen Gründen hintanstelle, bin ich nicht wirklich glücklich. Meine Seele leidet, wenn sie sich nicht kreativ ausdrückt. Ich sollte wirklich täglich meine Schreibzeiten einplanen, danke, Manfred, für den Hinweis in unserer Buchgebärgruppe – ich nehme mich selber bei der Nase. Wenn ich ständig Pflichten erfülle und an alle anderen denke, aber mein tiefstes Bedürfnis vergesse, Buchkinder in die Welt zu setzen, wirklich von Herzen zu schreiben, gibt mein Körper mir Zeichen. Wenn ich mich – wie jetzt gerade – hinsetze mit einem ersten Satz und auf die Tasten greife, bekommt ES eine Eigendynamik und ES beginnt mich zu schreiben.

Schon als Teenager habe ich ein Gedicht empfangen, das den Titel trug: „Es schreibt mich." Ich habe es immer so empfunden, schon als ich mit 15, 16 Jahren im Schein der Taschenlampe in der Zeit vor dem Einschlafen meine Gedichte geschrieben habe. ES duldete keinen Aufschub, sie wollten JETZT geschrieben werden, in der Sekunde des Empfangens. Ein kreativer Akt des Befruchtens, der Inspiration, des Ein-Falls, woher auch immer ...

Der kreative Fluss bricht sich Bahn und fließt und will nicht versiegen – wenn ich ihn fließen lasse. Es geht nur um die Bereitschaft und um das Zulassen. Darum, mich hinzusetzen und mich DEM hinzugeben … GANZ. ES ist für mich nicht erklärbar, es ist ein mystischer Akt. Etwas Sakrales, Heiliges, Göttliches, überirdisch Anmutendes.

Bücher sind also wie Kinder, wenn wir sie in diesem Akt erschaffen, in Liebe uns vereinigen mit dem Absoluten, aus dem sie entstehen und auf die Erde kommen wollen. Wenn sie das Licht der Welt erblicken, ist das immer eine Wonne – das geliebte Baby, lange im Herzen getragen, wird nach der Schwangerschaft für alle sichtbar, fühlbar und endlich fassbar.

Ich will all meine Babys beschützen, behüten. Ein Kritikerwort trifft ins Mark. Es kann wie ein Dolch sein im Herzen, lieblos und unbedacht, schmerzhaft. Wenn hingegen die Richtigen diese Herzenskinder entdecken und voller Freude lesen, wenn sie sich berührt fühlen, inspiriert und wachgeküsst, selbst ihren Schöpferdrang entdecken, dann bin ich glücklich, als Mutter stolz auf die Schöpfung, das Kind. Es ist kein Egostolz, eher Dankbarkeit, dass ich daran beteiligt sein durfte, das in die Welt zu bringen, es zu empfangen, niederzuschreiben, sichtbar zu machen für andere. Dann bin ich froh und glücklich. s*k*

„Es ist viel mehr … als ein Buch zu schreiben!"

„Bücher sind Mittel unserer Menschwerdung, sie vertiefen unser Bewusstsein."
Reinhard Piper, Verleger

Vermutlich ahnen alle, die sich auf den Buch-Schreib-Prozess – wohl gerade deshalb mit respektvollem Zögern – einlassen, dass sie etwas „Großes, Unfassbares, Abenteuerliches" erwartet. Etwas, das jede Vorstellung und Erwartung übersteigt, das sie, bei aller Lebensroutine, nicht hundertprozentig im Griff haben werden, das sie in den Grundfesten erschüttern und nachhaltig verändern wird.

Wer die Buchschwangerschaft erfolgreich durchlebt hat und mit seinem Buchbaby in den Händen glücklich Rückschau hält, bestätigt: „Es ist viel mehr, als bloß ein Buch zu schreiben! Es ist Persönlichkeits-Entwicklung pur." – Und die Erkenntnisse reichen von: „Ich weiß jetzt, warum ich das Buch geschrieben habe: Es ist die Aufarbeitung all meiner Lebensthemen." Bis hin zu: „Ich habe mein Leben in diesem Buch gefunden!" Oder die kürzeste, wohl treffendste Version: „Ja, dieses Buch bin ICH!" *mg*

Wir begegnen immer nur uns selbst

Kinder sind Lehrmeister. Das trifft auch auf Buchkinder zu. Sie spiegeln uns gnadenlos unsere Schatten und Schwächen und fordern uns auf, uns damit auseinanderzusetzen. Kinder werfen viele Fragen auf, die wir uns selbst beantworten dürfen, auch im Zuge eines „Buchgebärprozesses".

Ein paar Beispiele:

Wie geht es mir mit **Strukturen**? Bin ich ein strukturierter Mensch oder lebe ich im kreativen Chaos? – All das wird sich auch in der Struktur meines Buches abzeichnen. Fällt es mir schwer, meinem Buch eine logische Ordnung/Reihung zu geben, könnte es an meinem Verhältnis zum Thema Struktur im Leben gehen.

Neige ich zum **Selbstboykott**? – Kenne ich dieses Thema aus meinem Leben, wird es mir auch im Zuge meines Buchgebärprozesses begegnen. Die inneren Saboteure sind boshaft, aber auch ein Teil von uns selbst. Wenn wir sie durchschauen, brauchen wir uns nicht mehr von ihnen die Erfolge kaputtmachen lassen. Letztlich stecken dahinter häufig Ängste und Zweifel, die bis zur Kindheit zurückgehen können: Bin ich gut genug? (Will ich wirklich sichtbar werden und mich der Kritik stellen?) Werde ich noch geliebt, wenn ich das schreibe? (Wir alle streben nach Liebe und Anerkennung im Leben, das treibt einen großen Teil unserer Handlungen an. Ängste, diese Liebe bzw. Zuneigung zu verlieren, könnten den inneren Zensor auf den Plan rufen. Vorsicht: Er zerstört das Buch, wenn er jeden Satz abschwächt!)

Wie **entscheidungsfreudig** bin ich? – Ein Buch auf die Welt zu bringen, fordert eine Menge Entscheidungen: Wie grenze ich das Thema ein? Was will ich transportieren und wieso? Wen will ich ansprechen? Suche ich einen Verlag oder veröffentliche ich selbst? Wann erkläre ich das Manuskript als fertig? Für welche Illustrationen entscheide ich mich? Wie soll das Cover aussehen? Hole ich mir Unterstützung (Grafik, Lektorat, Marketing)? Präsentiere ich das Buch bei einer Lesung? Wähle ich einen Subskriptionspreis? Möchte ich auch ein E-Book oder vielleicht sogar ein Hörbuch ergänzend zum Printbuch veröffentlichen? – Aus jeder einzelnen dieser Fragen kann man schlaflose Nächte kreieren – oder man kann sich einfach entscheiden, je nach persönlichem Naturell.

Wie gehe ich mit **Stress** um? – Wenn die Nerven blank liegen, zeigen sich unsere Stressmuster. Reagieren wir schnell gereizt und hängen anderen unseren Stress um? Erkennen wir in uns plötzlich die Muster unserer Eltern, die sie uns als Kinder vorgelebt haben und die im Stress die Führung über unser Handeln übernehmen? Bin ich also wahrlich nicht mehr ich selbst, wenn ich unter

Druck stehe? Neige ich zu Kampf, Flucht oder Totstellen?

Bin ich bereit, wirklich **sichtbar** zu werden, mich mit meinem „Baby" zu zeigen? Mit einem Buch schöpfe ich aus mir selbst und stülpe mein Innerstes nach außen. Je mehr Persönliches einfließt, desto verwundbarer bin ich. Natürlich ist es möglich, sich hinter einer Scheinobjektivität zu verstecken und persönliche Erfahrungen zu verallgemeinern oder als Erfahrungen von anderen Menschen zu tarnen. Es wäre bloß nicht authentisch und ich persönlich lese lieber Bücher von Menschen, die sich zeigen und von sich etwas preisgeben, als von scheinbaren Expert(inn)en, die in Man- und Wir-Form schreiben.

Die Liste ließe sich noch beliebig lange fortsetzen. Letztlich begegnen wir uns in einem intensiven Prozess wie dem Buchschreiben immer nur selbst und unseren Mustern und Prägungen. Wenn wir bereit sind, uns uns selbst zu stellen und die Projektionen zu uns zurückzunehmen, haben wir die Chance zu wachsen und uns weiterzuentwickeln. **Projektionsflächen** gibt es viele: das Buch, die Buch-Coaches, den Partner, die Grafikerin, den Lektor, die Verlegerin etc. – Sie alle stellen sich zur Verfügung, damit wir die ungeliebten Kinder, die Schatten in unserem Inneren, immer mehr ans Licht holen. Denn auch sie wollen nur eines letztlich: von uns geliebt werden. s*k*

„Halleluja – Highlight in meinem Leben"

„Mir geht es sehr gut. Ich bin urguter Dinge", so Ingrid H., „unglaublich, aber wahr; mein Buch ist fertig: Halleluja!" Und Ursula K. stimmt in den Jubelgesang mit ein: „Ich weiß nicht, wie es euch ergeht, wenn ihr euer Paket mit den Büchern vom Briefträger oder sonst wem übernehmt ... Ich habe nicht gewusst, dass ich mich sooooooo intensiv freuen kann! Bin lachend, singend, mit Freudentränen in den Augen, mit 'hihi' und 'ma, i gfrei mi' durch die Küche getanzt. D a s ist wirklich ein Highlight in meinem Leben! Mein Buch ist sogar auf Amazon erhältlich. Ich freue mich, dass ihr alle an meiner Freude beteiligt seid und danke euch von ganzem Herzen!"

„Liebe ist die Poesie der Sinne."
Honoré de Balzac

X – Die Elefantengeburt – doppelte Zeit und halber Stress …

*„Das Gras wächst nicht schneller,
wenn man daran zieht."
(Aus Tansania)*

„Es ist bereits da, mein Buch-Kind, aber es soll ein Gesamtkunstwerk werden – und dafür brauche ich noch Zeit", sagt Evelyn aus der Buch-Schreib-Gruppe und schenkt sich die Muße: Sie spricht von einer beabsichtigen „Elefanten-Geburt". Und diese braucht 22 Monate. Nach den „üblichen 9 Monaten" nimmt sie den Buch-Präsentationstermin als „Voruntersuchung des Ungeborenen" wahr. Vielleicht kann man am Ultraschallbild des Buch-Elefanten-Fötus schon erkennen, ob Buberl oder Mäderl …
Cäcilia, die nach einem zweijährigen Schreibprozess einen „überreifen Buch-Dickhäuter" zur Welt bringt, schmunzelt: „Ich hatte eine zeitlang sogar einen rosa Elefanten als persönliches Krafttier …"

Ja, geschätzte Autor(inn)en: Lasst Euch nicht – zu sehr – drängen! Ihr spürt sehr gut, ob „die Frucht reif ist" oder doch noch Entwicklung braucht.
„Mir ist der Schreibprozess wichtiger als ein Zeitpunkt der Veröffentlichung", erkennt Rühmut und

gibt sich den kreativen Freiraum. OHNE Termindruck und Hast.

Schwangerschaften können „länger dauern", über den eingeplanten Tag X hinaus. Und es werden doch wunderschöne Kinder …
Also nimm Dir die Zeit, die's braucht. Es ist gut so.
Vielleicht magst Du Dir zusätzlich ein Einzel-Coaching gönnen – um die Außensicht samt wertvoller Tipps zu erhalten.

Buch-Zwillinge? Mehrlinge?

„Es werden 2 Bücher – jetzt ist's fix!" Irgendwann war's für Tanija ganz klar: Ein Buch allein ist zu wenig – zu viele Facetten gilt's aufzuarbeiten. Sie, die Mutter von 16-jährigen Zwillingsbuben, wird also auch „Buch-Zwillinge" gebären: „Ich habe mein Leben im Buch gefunden … Und die beiden Ausgaben sollen Trampoline sein für den Sprung in eine neue Dimension."

Auch Helmut, der einen „inneren Buch-Stau" bei sich diagnostiziert hat, wird „publizistische Mehrlinge" zum Thema „Delfine und Wale als Erdenretter" sowie ein zweites Werk über die „Geheimnisse der Südsee" schreiben.

Sportlich: Einreichen bei Verlagen

Susanne und Evelyn „sehen's sportlich" und wollen ihre Bücher, obwohl z. T. bereits als „Print on Demand" erschienen, später „großen Verlagen" anbieten.

*„Träume keine kleinen Träume,
denn jene haben keine Kraft."*
Goethe

XI – Es geht weiter: Obsorge & nächste Buch-Schwangerschaft?

„Monde und Jahre vergehen,
aber ein schöner Moment
leuchtet das Leben hindurch."
Franz Grillparzer

„Wenn das süße G'frast-Sackl erst einmal da ist, wird das Leben ein anderes!" Andrea als erfahrene Mutter und Oma weiß, wovon sie spricht. Dass diese Wahrheit aber auch für Buch-Kinder gilt, bestätigt sie nun – sehr gerne (siehe Feedback).

„Nach der Geburt überwiegt die Euphorie über den neuen Erdenbürger", erinnert sich der zweifache Vater Günther, „man vergisst alles andere und lässt sogar Kochtöpfe übergehen, während man mit dem Baby spielt." Doch schon bald lege sich der Alltag über die Begeisterung und Fragen treten in den Vordergrund wie: Wer wechselt die Windeln? Wer steht nach dem dritten Weinkrampf in dieser Nacht auf? Hört das Quengeln denn nie auf?! Und ab dem 3. Monat kommt der 1. Zahn …
Günther, der sogar einen Baby-Massagekurs absolvierte, meint: „Das erste Jahr des Kleinkindes muss man als Paar überstehen …" – Obwohl die Windeln bis zum 3. Lebensjahr zu wechseln seien – und die Schnullerfrage bis ins Kindergartenalter anhalten könne …

Ja, ab jetzt ist ein Buch an Deiner Seite; in Eurer Mitte. Und es will „dabei sein", stets mitgenommen werden. In Deinen Gedanken und in Deiner Kommunikation Platz einnehmen.
Du wirst sehen: Dein Buch wird Dir viel Freude bereiten. Wenn Du es stets „im Auge" hast und es regelmäßig in die Öffentlichkeit trägst; es – in Lesungen/Interviews – stolz präsentierst.

Aber das Baby will nicht „abgelegt" und „versteckt" werden, gar als „Stabilisator" unter einem wackelnden Regal entweiht/missbraucht werden; sonst verkümmert es – und mit ihm möglicherweise auch Deine Kreativität.

„Mach mit dem Buch 'was!"

Nutze jede Möglichkeit, Dich mit dem Thema Deines Werks in allgemeinen Diskussionen zu Wort zu melden.
- Schreib' Gast-Kommentare in Zeitungen, Blogs.
- Strick' Buch-Pakete: Eventuell gibt es zu einem Buch über Farbberatung auch einen Farbfächer/Malfarben.
- Zu Deinem speziellen Beratungsansatz auch gleich eine Probestunde anbieten (zum ermäßigten Einführungspreis).

- **Merchandising** heißt der Fachbegriff dazu, wenn es zum Titel Deines Buches passend auch Aufkleber, Maskottchen, T-Shirts, Taschen, Räucherstäbchen – oder wie in diesem Fall der Buchschwangerschaft vielleicht eine „Buchkrippe" zur Geburt geben könnte. ;-)
- Nutze jede Chance für Lesungen, Präsentationen – eventuell auch gemeinsam mit anderen, befreundeten Autor(inn)en.

Gerhard ist zudem auf den Geschmack gekommen, was Autor zu sein bedeutet: „Es ist mein fixer Vorsatz, nunmehr jährlich ein neues Buch zu machen!" Und auch Susanne konnte es „nicht erwarten, das eine Buch zu verabschieden, um ein neues Buchprojekt willkommen zu heißen …" *mg*

Schreib' wohl … und genieße es!

„Es steckt mehr Philosophie
in einer Flasche Wein,
als in allen Büchern dieser Welt."
Prof. DDr. Louis Pasteur

;-)

XII – Angebote und Anhang/Feedback/Danke!

*„Du kannst kein Buch öffnen,
ohne etwas daraus zu lernen."*
Aus Nepal

„Ohne die **9-Monats-Buch-Gebär-Gruppe** samt monatlichen Fix-Treffen in den Workshops hätte ich sicher kein Buch in Händen", betonen Gabrielle und Gerhard. Was uns als „begleitende Hebammen" sehr freut und berührt. Denn genau dafür haben wir diese Seminarrreihe initiiert; dafür wollen wir „Buch-Geburtshelfer" sein.

Wir bieten jährlich von Frühjahr bis Spätherbst diese Buch-Schwangerschafts-Gruppe an.

Es wäre uns eine Freude und Ehre, gerade DICH in der nächsten exklusiven Runde mit maximal 12 Teilnehmer(inne)n von der Idee bis zum fertigen Werk begleiten zu dürfen.

*„Der Weg zum Glück besteht darin,
sich ganz einer Aufgabe zu verschreiben."*
Elisabeth Noelle-Neumann

In 9 Monaten zum eigenen Buch
„Geburts-Vorbereitung" mit
Manfred Greisinger und Sabine Knoll

* Willst Du Deinen Traum vom eigenen Buch – endlich – realisieren?
* Verschreibe Dich Deiner Buch-Idee!
* Bring Dein publizistisches Kind zur Welt!

Unter diesem Motto wurde 2016 das erste Mal unsere 9 Monate dauernde „Buch-Gebärgruppe" mit 9 Workshop-Tagen an wechselnden schönen, inspirierenden Plätzen in Wien und Niederösterreich durchgeführt. Von der „Befruchtung" im Februar bis zur Präsentation des eigenen „Buch-Babys" im November – diese Seminarreihe wird auch 2017 und in den Folgejahren ausgeschrieben.

Inhalte der Workshops sind:
- Von der Idee zum Konzept – und zum fertigen Buch samt ISBN
- Strukturierung und Aufbau des eigenen Buches
- Motivation und Feedback zum Schreibprozess; Professionalitätscheck
- Ideen zur Gestaltung, Titelfindung und Infos zum Copyright
- Methoden, um in den Schreib-Flow zu finden und Barrieren zu überwinden

- Tipps zum Publizieren (Exposé, Verträge, Beteiligungen etc.)
- Unterstützung bei der Veröffentlichung – Print on Demand
- Ideen zu Marketing und Präsentation
- Vermittlung – bei Bedarf – von Lektorat, Graphik, Druckerei und Buchbinderei

Seminardom Finca Aurora – www.aurora-lapalma.eu

*"If you have inner peace,
the external problems
do not affect
your deep sense of tranquility.
You are happy
regardless of circumstances."
Dalai Lama*

Durch den Premieren-Erfolg unserer „Buch-Schwangeren-Gruppe" wurden wir inspiriert, zum ersten Mal im Oktober 2016 mit den gleichen Inhalten „6 Tage Schreiben und Buchwissen kompakt" auf La Palma (Kanarische Inseln) auszuschreiben – und wir wurden mit wunderbaren Teilnehmer(inne)n belohnt; danke an Cäcilia, Tanija, Günther Josef und Helmut.

6 Tage Schreiben & Buchwissen kompakt – Die Essenz aus „9 Monate zum eigenen Buch" mit Sabine Knoll und Manfred Greisinger

Mag sein wieder auf La Palma, oder/und auch in Hellers Zaubergarten in Marokko, im Waldviertel, der Wachau – jedenfalls in inspirierendem Umfeld. Dabei gibt es die Möglichkeit eines „**Upgrades**": Begleitung des Schreibprozesses während 9 Monaten mit 3 (vierteljährlichen) Coachings (mehr Termine sind auf Wunsch natürlich möglich).

Die Fortgeschrittenen-Schreib-Gruppe

- Präsentationen/Lesungen zu Events gestalten
- Steter Austausch unter Autor(inn)en
- Neue Schreibflow-Methoden
- Marketing – Social Media, YouTube
- **Buch-Coaching**; Bestätigung des Weges, Checks, Inspirationen

> *„Das Große kommt nicht allein durch Impuls zustande, sondern ist eine Aneinanderkettung kleiner Dinge, die zu einem Ganzen vereinigt worden sind."*
> Vincent van Gogh

Feedback – Erkenntnisse/Anregungen – von Teilnehmer(inne)n „9 Monate zum eigenen Buch" und „6 Tage Buchschreiben kompakt"

Behütetes, inspirierendes Umfeld

Ich bin wirklich glücklich über meine Entscheidung, mitgemacht zu haben! Was da in unserer Buch-Gruppe passiert(e), ist einfach genial und sagenhaft. Ich glaube auch, dass es einfacher für ein erstes Buch ist, dies in einem behüteten, inspirierenden, wohlwollenden ... Umfeld zu tun, wie wir es durch euer Projekt erfahren dürfen! Das Zusammensein in dieser Gruppe, das gegenseitige Hinterfragen des Geschriebenen, das Auf-die-Sprünge-Helfen, das Miteinander-unterwegs-Sein und Unterstützen, das alles hat diese Monate so wertvoll gemacht. – Schreiben muss jede(r) ihr (sein) Buch sowieso selber. – Ohne Gruppe hätte ich im Sommer alles hingeschmissen und wieder aufgeschoben. Denn in der Halbzeit ging es bei allen ans „Eingemachte". Konzepte wurden verworfen, um dann doch wieder in Betracht gezogen zu werden, es wurde umgekrempelt, neu überdacht und formuliert, Passagen wurden gestrichen ... Etwas so durchzuziehen, dass es prägnant auf den Punkt gebracht ist, die Kernaussage zu finden und dann so zu formulieren, dass sie andere beim Lesen entzündet, das war meine Herausforderung. Ich bin jedenfalls dankbar für diese Monate, für das Kennenlernen neuer Menschen und das Entstehen von Freundschaften. Und natürlich dafür, dass ich es geschafft habe: Mein Buch-Baby ist geboren. Es heißt: „Der Augenblick und du – Mein Jakobsweg über die Schladminger Tauern." D A N K E !

Ursula Koch, Paudorf

Und Großartiges entsteht aus Buchstaben

I bin heit so guat drauf, i kennt mit ana Haund an Pullova stricken! – Du lächelst? Freut mich – sehr sogar. Und es stimmt wirklich. Ich steh' nicht unter Drogen, ich bekomm' das auch so hin: Bin in einer Gefühlsstimmung, die mir unheimlich gut tut. Sehr zufrieden mit mir und der Welt …
Aber der Reihe nach. Am 14. Februar traf sich eine Gruppe Schreibbegeisterter in der 'Schule der Kreativität und Phantasie' in Wien. Herzlich empfangen von den Profischreibern Sabine Knoll und Manfred Greisinger wurde jeder mit einem 'Erbsal', das allerdings nicht grün war, infiziert. Dieses Buchstabenerbsal sollte gehegt, gepflegt, größer und schwerer werden und schließlich nach neun Monaten mit perfekter Unterstützung von Hebamma und Hebappa, getränkt in frischer schwarzer Druckfarbe oder auch bunt, das Licht der Welt zwischen zwei Buchdeckeln erblicken.

Schnell wurden neue Kontakte geknüpft, interessante Persönlichkeiten tauschten konstruktiv Gedanken aus. Herzerfrischende Ideen wollten von diesem Tag an neun Monate lang begleitet werden. Wir trafen uns alle vier Wochen zur *Mutter-Kind-Pass*-Kontrolle, erlernten die anstrengenden, aber notwendigen Übungen des Schwangerschaftsturnens und waren im intensiven Geburtsvorbereitungskurs immer wieder mal schweißgebadet. Weiters gab es Extra-Runden an Herzensbildung und viele Trainingseinheiten zur Stärkung der Humorfähigkeit. Emotionale Höhenflüge und kleine Glücksmomente lernten wir kennen, aber auch so manche Schräglage forderte volle Aufmerksamkeit. Die Zeitspanne von „Mach dein Ding" bis „Ziel erreicht" wurde gelegentlich begleitet von Unwohlsein, Kreuzweh, Bauchzwicken, Hohlraumsausen und andere Beschwerden.

Immer wieder machte uns die Zeit zu Sklaven, Vieles wurde zu Papier gebracht, wieder ausradiert. Wir wurden Meister im Papierknödel-Zielwerfen, viele Seiten landeten in der Rundablage. Zum Glück – und Schoki sei Dank – brannte aber jeder von uns dafür, die Leidenschaft des Schreibens zu einem guten Ende zu bringen. Nach jedem Seminartag war die innere Kraft, die neuerlichen Antrieb verschaffte, frisch gestärkt und jeder fuhr gut gelaunt nach Hause.

Im Herbst war dann jeder von uns damit beschäftigt, das Nest herzurichten, wollten wir doch bereit sein für das große Ereignis am 11. November. Die Buchbabys kamen unter größter Anstrengung, Presswehen genannt, zur Welt und durften nun präsentiert werden. Wie schön, sagen zu können, dass jedes Buchbaby von Herzen geliebt wird.

Ich persönlich erlebte eine wunderbare Buchschwangerschaft, inspiriert und mitgetragen von Gleichgesinnten als ganz besonders intensive schöne Zeit, wo konstruktiver Austausch, Wertschätzung, Menschlichkeit und Liebe Platz hatten. Dafür sag' ich euch allen herzlich: Dankeschön.

Mein erstes Buchbaby – unter dem Titel „Die Oma war´s – wer sonst ..." wurde am 20. Oktober 2016 geboren, in die Welt geschickt. Daniels Apfelbaum wurde ebenfalls am 20. Oktober gepflanzt. Dazwischen liegen 16 Jahre. Beides schöne Ereignisse in meinem Leben. Es gibt keine Zufälle …

Trag' einen Buchstaben in die Welt und schau zu, wie Großartiges daraus entsteht!

                    Andrea Zlabinger, Maissau

Samenkorn zum Leben erweckt

Die Empfängnis fand bereits „vor der Zeit" statt – also: vor diesen 9 Monaten. Ich trug das Samenkorn schon lange Zeit in mir, gleichsam wie in Mutter Erde eingebettet ... und es schlief den Schlaf der Seligen. Jemand musste/sollte es (auf-) wecken – zum Leben erwecken. Mutter Erde allein

konnte es nicht. Sie brauchte Einflüsse von außen. In der Form, dass es gegossen, mit wärmendem Licht beschienen und vor allem ZUERST BEMERKT werden musste ... von Augen und dem Gespür von außen, die das wahre Potenzial des Pflänzchens erkannten, (er-)spürten und wahrnahmen ... um dann als Hebammen zu dienen.
Diese Geburtshelfer sind – in meiner Geschichte – Manfred und Sabine. Sie fungierten als meine Buch-Hebammen, in ihrer ganz eigenen, speziellen ART/KUNST. Weibliche und männliche Energien, Yin und Yang, konnten dadurch wirken. Ein Zusammenspiel, das nur in der Konstellation stattfinden kann, um „etwas" zum Tragen und zum Gebären zu bringen.
Voraussetzung ist die Öffnung. Das war mein Part. Das Bereitsein, die Hingabe und das Vertrauen sind DIE Bedingungen.
Sich in guten Händen zu wissen, geborgen im Wohlwollen der Liebe.
Zudem der große Vorteil, sich in einer Autorengruppe zu befinden und nicht allein, ganz arm am Wegesrand zu stehen, um die genialen Schreiber/-innen vorbeiziehen zu sehen ... mit Wehmut ... weil man ja instinktiv weiß/fühlt, dass man ebenso Potenzial in sich trägt ... nur nicht genau weiß, wie man's am besten „rausholt".
Lieber Manfred, liebe Sabine, ich danke euch aus ganzem Herzen für eure Unterstützung und Begleitung durch meine 9 Monate hindurch.

Ich halte mein frisch geschlüpftes, gesundes Buchbaby in Händen. Halleluja!
P.S.: ICH bin das BUCH. Das BUCH bin ICH.
Mein leiblicher Vater gab mir den Namen INGRID. – Geburtshelfer, Buchvater/BuchPATE Manfred gab meinem Buch den Namen „ARSEN UND FRIEDENSTÄUBCHEN".

Ingrid Hausknecht, www.friedenstauben.at

Fehlgeburt – Scheitern als Teil des (Autoren-) Lebens

In meinem Fall ist es leider zu einer Fehlgeburt gekommen. – Kur, Umzug, Scheidung, berufliche Extremsituationen, Krankheiten in der Familie … sowie Irritationen darüber, was ich eigentlich schreiben, gestalten, mitteilen möchte ...
All das hat dazu geführt, dass das Buchprojekt seinen Platz in meinem Leben (vorerst) räumen musste. Bis Jahresende werden die „Aufräumarbeiten" in meinem Leben abgeschlossen sein. Ich freue mich, wenn wir zu Beginn des neuen Jahres ein Coaching für einen Neustart vereinbaren können.
Diese Zeilen könnt ihr gerne ins Buch aufnehmen, schließlich ist Scheitern ja auch des öfteren ein Teil des (Autoren-)Lebens. ;-)
Wünsche euch allen viel Erfolg und Freude mit euren Büchern! Sabine P.

Kurz vor den Wehen

Ich dachte erst: Alles kein Problem. Aber dann wurde es immer wieder etwas ganz anderes als das, was ich mir vorgenommen hatte. Schließlich bin ich im Kopf – und schreibend – durch mein ganzes Leben marschiert, mit allen Höhen und Tiefen. Jetzt befinde ich mich kurz vor den Wehen und ich weiß, es wird eine runde Geburt meines Buches „*schleierhaft* – Reise zwischen den Kulturen"; ich freue mich drauf.

Rühmut A. Fenkart, Vlbg.

„Mama Tembo" oder: Wie bringe ich einen Elefanten zur Welt?

Ich war schwanger – mit einem Buch! – So weit so gut, ich hatte in meinem Leben schon mehrere Herzensprojekte durchgeführt, also genug Erfahrung gesammelt, um auch das Buch-PROJEKT erfolgreich zu Ende zu bringen. Dachte ich!
Ich bestimmte den Komplexitätsgrad des neuen Projektes, legte die Arbeitspakete fest und erstellte den Terminplan. Aber mein Buch-Baby wollte so gar nicht als PROJEKT abgewickelt werden. Im Gegenteil, es wehrte sich gegen alle Versuche, messbar und kontrollierbar zu werden. Es entwickelte ein Eigenleben. – Ich war ratlos.

Der Buchgebär-Workshop von Manfred und Sabine trat gerade zum richtigen Zeitpunkt in mein Leben. Hier bekamen beide – Buchmutter und Buch-Baby – die benötigte Unterstützung von zwei erfahrenen Hebammen.

Trotz gedeihlicher Fürsorge verlief die Entwicklung meines Buch-Babys anders als „normal". Während die anderen Buchschwangeren bereits ihre Babys genau beschreiben konnten, war meines einfach „nur" da, aber es wollte sich nie zeigen.

Ich war traurig und besorgt. Hoffentlich würde das Buch nach neun Monaten gesund das Licht der Welt erblicken? – Sabine und Manfred standen mir in dieser Krise mit Rat und Tat zur Seite. Das Baby, das sich nicht zeigen wollte, wuchs und wuchs zu einem Riesending heran.

Ich fuhr nach Afrika und da wurde es klar: Ich war eine „Mama Tembo" (Tembo in Suaheli = Elefant) und mit einem solchen schwanger. Elefantenschwangerschaften dauern eben 22 Monate. Ich war erleichtert und stolz auf mein Buch-Elefantenbaby. Diese wiegen übrigens bei der Geburt mindestens 100 kg und sind sehr selbstständig. Sie ziehen von Beginn an mit der Herde mit.

Sabine und Manfred reagierten sehr flexibel auf die geänderten Schwangerschaftsumstände und gingen behutsam damit um, wie das halt erfahrene Geburtshelfer tun. Ich bin sicher, dass mein Buch im September 2018 geboren wird. Danke für die liebevolle Unterstützung meines kleinen „Buch-Elefanten"!

Evelyn Meyer, Wien

Der einzige Vater ...

Neun Monate war ich schwanger als einziger Mann unter 12 Frauen. Und dann auch noch der einzige Vater. Es war eine ungemein anregende Zeit des Wachsens und Werdens. Mit Austausch, Ermutigung und Inspiration. Die Gruppe war hilfreich. Sie animiert. Sie strukturiert. Sie diszipliniert. Und sie gibt das gute Gefühl: Du bist nicht allein. Und jetzt bin ich endlich Vater mit Buch. Titel: „Wie aus Arbeit Freude wird – Die Vater-Methode –Wechseln Sie die Perspektive, nicht den Job." Danke an alle Geburtshelfer! Und allen, die mit einer Buchidee schwanger gehen, schreibe ich ins Stammbuch: Zur Nachahmung herzlichst anempfohlen.

Gerhard J. Vater, www.sinnvollesbewirken.at

Mischung aus Wissen, Inspiration, Motivation

Mensch, bin ich froh, dass ich an dieser Buch-Kreativ-Woche auf La Palma mitgemacht habe. Die beiden Autoren-Profis Sabine und Manfred waren ein visionäres, inspirierendes Begleitungspaar mit ganz viel Knowhow und Erfahrung. Die besondere Mischung aus Wissen, Inspiration und Motivation war alles andere als trocken, sondern eine begeisternde, humorvolle und emotional superrunde Geschichte. Meine Buchvision – mein Buch-Baby – ist geboren und ich freue mich ganz besonders, dass nun auch mein erstes Buch – so wie meine erste VisionsWerkstatt vor 15 Jahren – seinen Ausgang auch auf dieser wunderschönen Insel La Palma genommen hat.

Günther Josef Stockinger; Seminarleiter;
VisionsCoach Auszeit-Begleiter
www.visionswerkstatt.at

Sprudelnde Worte aus der Seele

Diese Buch-Schreib-Woche war traumhaft! Die Worte sind aus mir gesprudelt, nachdem mein Buch-Projekt zwei Jahre daheim gelegen war. Ich wäre nicht dazu gekommen, es fertigzumachen. Danke für die liebevolle Betreuung während unserer besonders humorvollen, inspirierenden, erlebnisreichen Tage auf La Palma – voller Freude und Enthusiasmus. Diese Zeit wird mir sicher lange in Erinnerung bleiben. Sie war für mich wirklich eine Seelenreise, ein Eintauchen in eine Welt der Freude, der Liebe, der Achtung und Wertschätzung für alle von allen.

Cäcilia Brodesser, www.institut33.at

Dankbar für die Glut

Wie kann's noch besser werden, als in so wundervoller Umgebung mit so wundervollen und kreativen Menschen, sein erstes Buch zu schreiben? Welch wundervolle, weltbewegende Bücher haben hier ihren Ursprung, sind hier befruchtet worden oder haben ihre Glut gefunden? Und wie einzigartig und begehrt werden unsere Worte, unser Bewusstsein, unser Feuer und unsere Energie sein, die sich in diesen Büchern entfalten? – Ich bin so dankbar für diese Tage und das Schreiben.
Tanija Hammer, www.tanija.de

*„So wie keine Blume
ohne Farbe gedacht werden kann,
so ist kein Mensch ohne Poesie!"
Sophie Tieck*

D a n k e! – mg sk

Hilfreiche Links

www.duden.de/woerterbuch – Duden online

www.duden.de/rechtschreibpruefung-online – Einzelne Sätze überprüfen lassen

www.duden.de/sites/default/files/downloads/Duden_Die_neue_deutsche_Rechtschreibung_kurz_gefasst.pdf

www.duden.de/sprachwissen/sprachratgeber/crashkurs--in-25-schritten-zur-neuen-rechtschreibung

www.duden.de/sprachwissen/rechtschreibregeln

https://de.wikipedia.org/wiki/Neuerungen_der_deutschen_Rechtschreibreform_von_1996

www.korrekturen.de/ – Überblick neue Schreibweise 1996, 2004, 2006

www.neue-rechtschreibung.de/regelwerk

Mag. Sabine Knoll, geboren am 11. 4. 1966 in St. Pölten, ist freie Autorin und Bewusstseinstrainerin, Buchprojekt-Begleiterin, Coach für Hochsensitive Personen (HSP) und die Gründerin des „**hochsensitiv.net** – netzwerk von hsp für hsp".

Aus ihrer kernschamanischen Arbeit entwickelte sie die Methode „Schreiben aus dem Herzen" (mit Hilfe von Trommelreisen, Rasseltrancen und Herzensmeditationen). Aus der Bewusstseinsarbeit entstanden die Herzensmatrix-Methode (zur Integration bzw. Transformation durch widerstandsloses Fühlen) und die Herzensmatrix-Aufstellung. Sie ist „Mutter" von derzeit 15 „Buch-Kindern" (Erzählungen und Geschichten mit spirituellem Bewusstsein sowie Sachbücher, u. a. zu ganzheitlichen Gesundheitsthemen).

www.sohreya.net

Dr. Manfred Greisinger, geboren 3. 8. 1964. Aus Allentsteig im Waldviertel stammender „All-Ent-Steiger", der jederzeit gerne in faszinierendes Gemeinsames einsteigt. Leidenschaftlicher, freier Autor, WORD-aholic, Buch-Projekt-Begleiter; liebt das Autonome als Lebensgrundlage. Selbstständiger PR- und Selfness-Coach, Persönlichkeits-Trainer, ICH-Marke-Pionier, mitreißender Vortrags-Redner. Mehr als 1000 Seminare/Vorträge bisher. 23 Bücher. Erfolgstitel „ICH-Marke leben", „Pure Relations", „all*ent*steig – Hingabetraining für's Leben" sowie „all*ein*steig – Mut zur eigenen Lebensspur". Zuletzt: „Novize des NICHTS" und „WortSCHATZ, geliebter". Alle erschienen in seinem 1991 gegründeten BestSEELer-Verlag *Edition Stoareich.*

www.stoareich.at

12 weitere lieferbare Bücher von Manfred Greisinger (Edition Stoareich) *– gerne für Dich oder Beschenkte gewidmet und signiert:*

„WortSCHATZ, geliebter"	16 € pb/ 22 € hc
„Novize des NICHTS"	13 € pb/ 19 € hc
„ICH-Marke leben"	22 €
„Innere Führungskraft"	22 €
„Eros of work & life"	22 €
„Pure Relations – PUR"	20 €
„Reizvolles Waldviertel"	18 €
„All ent steig"	16,50 €
„All ein steig"	16,50 €
„Herzsplitter"	7,50 €
„Sehnsucht nach Tiefe"	7,50 €
„Glücksmomente"	7 €

www.stoareich.at/buchshop

Veröffentlichungen Sabine Knoll:

Bücher:

„**Die Dorn-Methode** – Verblüffend einfache Selbsthilfe gegen Rückenprobleme" (Mosaik bei Goldmann, 2003)

„**Reisen ins Licht** – Geschichten aus anderen Welten" (Solaris Spirituelle Edition, 2004, Neuauflage: BoD, 2015)

„**Genuss ohne Reue** – Iss dich gesund mit den Fünf Elementen" (Wu Wei Verlag, 2005) – mit Jörg Krebber, Eva Matzke, Susanne Peroutka

„**Die original BOWTECH® Methode** – Sanfte Griffe für Gesundheit und Wohlbefinden" (Südwest Verlag, 2005) – mit Manfred Zainzinger

„**Mehr Energie durch Shaolin-Qi Gong** – Die Übungen der Mönche für Stressabbau und Leistungssteigerung" (Springer, 2006) – mit Robert Egger, Prim. Hartmut Zwick, Abt Shi Yong Chuan

„**Bestes Handwerk Niederösterreich** – Handwerk, Design, Kunst, Tradition" (Umschau Buchverlag, 2009), Fotos: Xenia Bluhm

„**Tibetische Medizin für den Westen** – Das Archetypen-Meridian-System in der Praxis" (Springer, 2009) – mit Dr. Sathya Bernhard bin Saif und Mag. Wolfgang Berhard ben Saif

„**Handwerk, Design, Kunst, Tradition in Wien**" (Bestes Handwerk) – (Umschau Buchverlag, 2010), Fotos: Xenia Bluhm

„**Gesundheit und Wellness Wien und Niederösterreich**" (Umschau Buchverlag, 2011), Fotos: Xenia Bluhm

„**Sohreya's Herzensbriefe** – Für alle Wochen des Jahres – Ein inspirierender immerwährender Wochenkalender" (Eigenverlag, 2011), Bilder: Hilda Protschka; Erstmalige Gesamtauflage (BoD, 2016)

„**Wie eine Welle im Ozean** – Eine spirituelle Liebesgeschichte" Sohreya, (BoD, 2012)

„**Eine kulinarische Entdeckungsreise – Donau** – Von Passau bis Krems" (Umschau Buchverlag, 2013), Fotos: G. Fally, D. Schvarcz

„**Gesundheit und Wellness Wien und Umgebung**" (Umschau Buchverlag, 2014), Fotos: Xenia Bluhm

„**Vom Arbeiten und Leben** – Drei Hochsensitive erzählen" (BoD 2016) – mit Manuela Mätzener und Marion Ziegelwanger

CDs:

„**Reisen ins Licht**" – Märchenhafte Trance-Geschichten für Herz und Seele, mit Musik von Claire Birtwell, Moonyard Music: 2001

„**Sohreya's Herzensbriefe** – Lesung mit KlangReise" – mit johma – Johanna Magdalena Haslinger, Snogg.me: 2012

Bestell-Links auf www.sohreya.net (Werke)

„In das, was man liebt,
legt man seine Seele."
Maxim Gorki